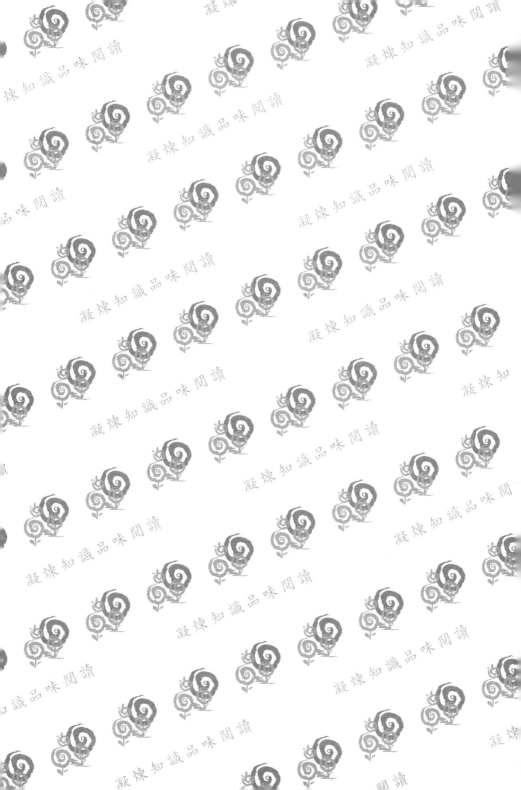

社會學囧很大 1.0

看大師韋伯如何誤導人類思維

謝宏仁｜著

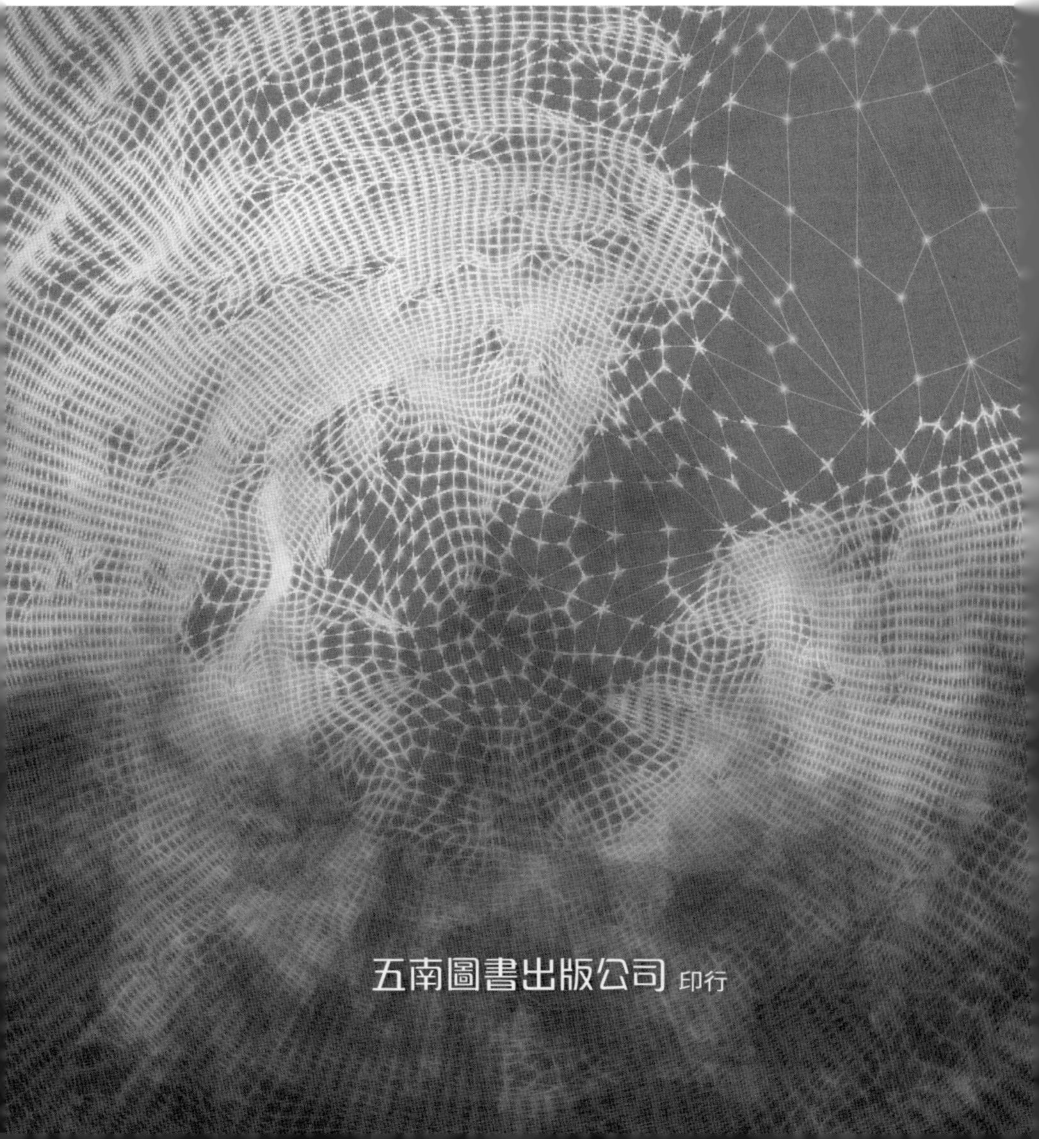

五南圖書出版公司 印行

推薦序

除魅大師

輔仁大學社會系教授謝宏仁博士繼前（二〇一三）年出版了一本大部頭的作品《發展研究的終結：廿一世紀大國崛起後的世界圖像》之後，最近又完成《社會學囧很大——看大師韋伯如何誤導人類思維》。這無疑地挑戰學術界、思想界、文化界的權威，有打倒偶像之嫌。謝教授這份勇氣叫人又驚訝、又佩服。在看完全書之後，你不能不同意他對韋伯的瞭解非常深刻，同時也無法反駁他對韋伯的批判之有理。當然他不只為台灣社會學界的一灘死水丟下一塊石頭，激起陣陣漣漪，還為薩依德東方學在東亞捲起驚濤駭浪，讓過去臣服於歐美文化霸權的知識份子知所反思、知所省悟。換言之，此書足以使盲目跟隨歐美學術與文化亦步亦趨的西化派人士受到一場震撼教育。

多年來台灣社會學界在留美派主控下，深受結構功能論大師帕森思的影響，強調歐美社會學的主流為韋伯之賦予意義的解釋性和瞭悟性社會學（強調行動），加上涂爾幹把社會現象當成事物、外在於個人，卻對個人有約束性的社會分工之功能說（重視結構）。從而把馬克思的社會學說（社會是歷史過程，受生產、經濟、科技的制約、形成有產與無產階級對立和鬥爭、因而造成社會的變遷和演展）排除在社會學奠基者的行列。直至最近紀登士的號召，才勉強接受這個企圖摧毀資本主義的社會，建立社會主義、乃至共產主義的社會之理論巨擘，引進社會學經典的三雄（canonic trio）之中。一般而言，台灣學界對韋伯的認識也僅限於帕森思早期的著作，能閱讀韋伯德文原著者寥寥無幾（包括留德奧的高承恕、顧忠華、吳庚等）。是故只閱讀韋伯的英譯（翟本瑞、張維安、陳介玄、張家銘、蔡錦昌等）、或日譯（張漢裕、蔡章麟、李永熾等）無法掌握韋伯學說的眞髓。帕森思雖一度留學海德堡大學（一九二五），卻是在韋伯逝世五年之後，在該大學城與其弟Alfred Weber聚悟。當本人一九七六年在哈佛大學拜訪帕森思時，發現他已忘記德語的表達方式，交談之後發現晚年的帕森思對韋伯的推崇早不如從前。

就像一般社會研究者，我對韋伯的平生、志業和學問十分佩服，不只在留學德奧六、七年間遍讀他的德文著作，還在慕尼黑大學教授德國學生韋伯的科學方法論（瞭悟和解釋社會行動的意義、理念類型、事實和規範的分離、多元價值觀等），後來藉講學的機會把他的學說在星、台、中國大力傳播，不但在我的著作《法律社會學》（二〇〇四）和《當代政治社會學》（二〇一三）列有專章討論韋伯的法律、政治、社會理念，還出版《從韋伯看馬克思：現代兩大思想家的對壘》（一九九八），以方法論、世界觀、歷史哲學、資本主義的詮釋、民主的實踐和現代性的看法，來比較和評析馬克思和韋伯的同異。這當中並沒有對何者有所褒貶，但卻無法逃脫謝教授所指責的粉絲心態。

嚴格地說，謝教授埋怨韋伯把資本主義看成歐美唯一和獨特的社會現象，而無視明清時期中國江南的富裕繁華，也符合韋氏所標榜的勤奮樸實（禁慾）的工作態度、理性算計的市場經濟、會計帳簿制度、法律裁決與民間調解的實踐、義務觀和身分倫理所保護的權利等等資本主義的精神。韋伯無視或忽視法律在早期中國的存在，便是他誤解明清以降中國資本主義不出現之原因。如果西方資本主義的出現與印刷術的發明有關（所謂的「印刷資本主義」），那麼中國早在北宋時代印刷業開始興盛，版權問題的浮出和保護措施，可以看做早期中國政府對版權保護的重視，也是「印刷資本主義」早已在北宋與南宋時代便已產生，早於谷騰堡活性鉛字印刷機的發明長達四百四十年之久。

韋伯說法遭謝氏批評的不僅是無視中國法律制度的（儘管表達與實踐有落差）存在，因而否定早期的中國有資本主義的出現和播散，更挾歐洲中心主義和西洋知識優越論來使其信徒亂搞發展型國家理論，而誤導全人類的思維。這些曲解和誤解無疑地導因於韋伯「片面強調」的「理念類型」和「歷史比較研究」空有理想未能實踐，不肯也無能把理論扣緊現實做出東西文化異同之比較所造成。因之，作者提出「歷史比較研究的終結」之疑問。然而在帶回歷史的思考下，仍可用韋伯「親和性的關係」把儒家倫理和資本主義的精神綁在一起。因為在儒家倫理深遠影響下的明清時期，確實以高超的生產技術製造與輸出西洋人最爲傾心喜愛的絲綢、棉織、瓷器。那個時代江南工商界人士的勤奮、樸素、節儉正是資本主義不可缺的工作倫理和理性行動，也是負責盡職和計算獲利，以及累積資本、擴大營業。這種理性化、專業化、累積家產的作爲，加上當時法律與交易習俗之成型，使長安、洛陽、廣州成爲「世界都市」。

總之，謝宏仁教授運用韋伯重要的著作和歐美學者的詮釋，特別是中國人早期的典籍、著述和地方誌，以及台、港、中國現代與當代的作品，尤其是旅美華裔學者之研究成果，終而有本書的出版。他這本類似震撼彈的大作，必然引發學界的反彈與爭議。其影響力不容小覷，我們期待學者肯花一些時間來析讀和討論。

交大講座教授　洪鎌德

序於交大光復學區綜合一館六四〇室

二〇一五年三月三十日

目次

導論 大師韋伯在社會學界開了個大玩笑

我們總覺得某位大師所說的話一定是對的，但這一次，我們錯了。

我們總以爲社會學大師更能理解社會本身，但這一次，我們錯了。

我們總以爲某位大牌律師更能理解法律制度對經濟以及整體社會的重要性，但這一次，我們錯了。

我們總是以爲一位宗派大師所發現的概念工具，諸如理念型（理念類型）讓我們更能理解盤根錯節的社會現象，但這一次，我們錯了。

我們總以爲歷史比較分析學者，一定更能理解東西方社會制度上的差異，但這一次，我們眞的錯了。

集政治經濟學家、社會學家、法律學家、哲學家，與歷史比較分析著名研究者，德國的馬克士・韋伯（Max Weber 1864-1920）正是這位讓我們向來以爲凡他說的應該都是對的，或者只會有小瑕疵的人。韋伯不僅是位律師、大學教授，他更是社會學界中公認的古典三大家之一，同時也是歷史比較分析的著名學者。可以這樣說，在社會學界，乃至社會科學界裡頭，韋伯堪稱一位舉戶皆曉、無人不知的專家，全球幾乎無出其右。正因爲如此，他在學術界中的粉絲（fans）難以數計，同時，也遍布在世界各個角落，這點應該是無庸置疑的。或許因爲被奉爲大師，所以學術界對他的批評幾乎都是點到爲止，絕大多數學者對韋伯的論點幾乎全盤接受，大加讚賞，除了讚美，還是讚美。好似在一片充滿讚美聲浪的音樂饗宴中，夾雜一點瑕不掩瑜的批評聲音。整個局面幾乎都在表達對社會（科）學界大師韋伯的激賞，同時也有意無意地表達了自身對西方社會（科）學[1]知識體系的臣服，或者也藉著讚賞西方學界思想的進步之餘，順路批評（或者美其名稱「反省」？）東方知識體系的落後，雖然這種說法不易證明，但筆者猜想，其最終目的應該是擁抱著西方的「現代性」吧！

筆者試想，在還沒翻閱這本小書之前，讀者光是從網路或書局看到書名《社會學囧很大——看大師韋伯如何誤導人類思維》，腦海中應該會馬上浮現一個問題，這位作者到底是「何方神聖」，竟然如此斗膽對大師不敬？在看完作者介紹後還是不知他到底是誰。還好，這問題並不重要。真正重要的是，他所說的到底有何所本，有幾分證據敢如此說，否則豈非夜郎自大，同時也得罪多少學術先進呢？在過去數十年，全世界多少學者因爲韋伯的啓發（或誤導）而在學術界中得以頭角崢嶸、占據一席？另有多少年輕學子打從踏入社會（科）學這個領域時，就已經立志一生都願意追隨韋伯的腳步？毫無疑問，當今在學術界有一席之地的學者，當中應有不少在年輕時便已擁抱韋伯的立言著述。故此，從某個角度來說，筆者可說是冒著自己的聲名「飄飄墜落地」（聲名狼藉）的風險來撰寫這本小書。但即使如此，這樣「危險」的事還是得有人做，也許這是學界追求「進步」所必須付出的代價吧！

話說回來，難道一開頭「這一次我們錯了」的說法只是無的放矢嗎？難道它只是筆者的夢話囈語嗎？難道筆者謝某就像傳說中的那位一想到「核電廠（會爆炸）」，就趕緊把全家人搬到距離六十、八十公里以外的安全區域居住的瘋狂人物嗎？到底是什麼因素讓筆者謝某如此斗膽去行？實情絕非如此單純，因為事出必有因。因此，筆者謝某懇請讀者暫且耐下性子，慢慢將這本口袋書讀完，或許在最後結論的時候多少能同意這個說法。書中不擬直接回答副標題所言：何以大師韋伯會誤導人類思維？但期待藉由以下幾篇看似不相連貫的文章之後，待讀者到結論時得以看出：當今我們對於中國、東方社會、甚至是全球歷史的誤解。最近在教育界開始流行「翻轉教室」，是故，本書也就順著這個潮流走下去吧。在知識領域，在社會學，乃至社會科學之中，吾人必須將過去被誤導的思維翻轉過來，因為這不僅影響學界研究的視角，也影響年輕人以何種眼光看待自己身處的世界，以及所抱持的歷史觀與世界觀。簡言之，唯有如此才能看得出至少這數十年來，事實上，大師韋伯在社會學界開了一個不小的玩笑[2]，但這個玩笑卻被難以計數的學人奉為圭臬，與學習的指引。

韋伯被譽爲社會學古典三大家之一，任何學習社會學的莘莘學子都必須仔細研讀其著作，像這樣偉大的思想家，怎麼可能在社會學界開玩笑。照理來說，會開玩笑的人，乃至該被稱爲變戲法的丑角應該是本書作者才對。當然，會如此去想也不是沒有道理。那麼，請容筆者有申辯的機會，從韋伯最有名的論點、概念、或著作著手。在此先將本書的幾個章節所討論的重點加以淺介。

首先，第一章先討論韋伯最著名的專書——《新教倫理與資本主義精神》。懇請諸位讀者再容筆者謝某重申，由於韋伯社經地位極高，所以在得以選擇的情況下，本書將選擇以相對委婉的方式來與韋伯「對話」。在第一章盡量不去批評新教倫理的獨特性，而轉向探究儒家倫理，或許在新教倫理當中所找得到的、能幫助資本主義生根茁壯的因素也不難在儒家（儒教）倫理中發現，所以，筆者可說東施效顰，嘗試爲第一章寫篇短文「儒教倫理與資本主義精神」。如果吾人我們確實能找到的話，那麼對於資本主義而言，新教倫理之「獨特性」或許就不像韋伯所言的那樣獨特。

第二章討論中國傳統法律。由於這一制度長期以來爲西方知識體系所扭曲，而韋伯可說是當中的佼佼者。大致說來，中國傳統法律被韋伯視爲「停滯」的、「落後」的、乃至「傳統」的。「傳統」二字不僅使年輕學子認爲，任何有關非西方的「傳統」都只是西方社會「進步」的對應物，也是故步自封、保守的同義詞。更有甚者，中國「傳統」法律被視爲是不值得研究的制度。本章說明這除了是西方知識體系長期以來扭曲東方社會（特別是中國[3]）的結果以外，並無其他的可能。同時，就已知的證據顯示，長期以來被認爲（其實也是誤認）只可能出現在西方的、「進步」的知識產權（智慧財產權），其實早已存在於中國這個古老的國度之中。一般咸認爲，知識財產權只可能出現在資本主義發達的地區，但向來中國被認爲與資本主義的出現，乃至發展絕緣，那麼，到底要什麼樣的環境，才能產生保護智慧財產權這樣進步的制度呢？倘使能在歷史長河裡能找到中國的確存在如此進步的想法或制度的話，那麼，是否眞的發展出資本主義也就不是這樣重要了？

在第三章中，討論韋伯在進行研究時所重用的概念性工具——理念型（ideal type 理念類型）。這個思維工具向來對於研究者欲理解複雜的社會現象有莫大的助益。但除此之外，理念型其實欺騙了許多研究者的眞摯感情，特別是在發展研究（development studies）的領域上頭。在此要指出的是，許多在此領域的資深研究人員將所謂的發展型國家「理論」（developmental-state theory）誤以爲是眞正的理論，但事實上這種「理論」充其量只是韋伯的「理念型」而已，這使得在該領域的研究人員拼命想找出「該型」國家的特殊能力——像是制訂合理的經營產業、以金融手段或行政手段促進經濟成長、不受私部門干擾的自主能力等類，對執政當局提出建言。但事實上，在當今的資訊時代，即使擁有這類「特殊」的國家能力，恐怕也難以回天，台灣或許是個很好的例證。當然，或許可以這麼說，韋伯發明這樣傑出的概念工具，他也沒有要人們加以誤用，我們似乎也只得接受這種說法。

雖然韋伯是十九世紀末、二十世紀初歐洲歷史比較分析的重量級研究者，但其影響力卻能持續到廿一世紀。本書在第四章介紹韋伯曾經提醒過，在進行歷史比較分析時所應該留意的重點，只是當韋伯自己在比較東、西方社會的異同時，卻在有意無意間，將他自己的這番話拋在腦後。換句話說，當韋伯告訴我們「理念型」、「歷史比較分析」必須要經常與經驗事實對話，用以修正理念型，使之臻於完美，也使歷史比較研究植基在事實的基礎之上。然而，在我們不斷嘗試與經驗事實對話之後，我們卻發現他只是建議我們如此做，但自己卻沒有能力、沒有時間、也無法對東方的歷史經驗付出更多關心。因此在本章中，我們試著來完成韋伯未竟的事業，畢竟社會學是他的志業。

最後，第五章總結本書的發現。當然，可以預期的是，韋伯在社會學界的玩笑開得實在太大，也太逼真，簡直讓人難以置信，在過去的數十年，甚至百年之間，竟然有眾多學者、學子在韋伯的面前幾乎完全地喪失了批判能力，這實在讓人難以想像也難以接受，然而這卻是個嚴酷的事實。

在導論的最後，筆者有意在本書中提供讀者幾點淺見，希望讀者能稍加留意。首先，韋伯及其追隨者所堅信西方的「獨特性」，事實上是建立在西方哲學的「二分法」的哲學觀之上，是建立在西方社會的「有」與東方（特別是中國）的「無」之上，這個迷思必須打破。具體而言，如果我們能夠在東方社會找到韋伯堅信只可能存於在西方的事物、組織，或制度等類的證據，那麼，西方的「獨特性」便失去了獨特性。第二，韋伯的「理念型」及他所操作過的「歷史比較研究」都是「去歷史的」（ahistorical非史的），稍後我們會在討論發展型國家「理念型」和「歷史比較研究」中加以分析。最後，我們將「帶回歷史」（bringing history back in），而這是幫「歷史比較研究」大師韋伯從「（他的）國外」帶回來的禮物，可謂彌足珍貴。

◆注解◆

【1】事實上，韋伯在社會科學各學術領域，例如社會學、政治學、政治經濟學、法律、歷史學等等，發揮著不同程度的影響力。本書在此之後，大多以社會學代替社會（科）學，主要原因是韋伯為古典社會學理論三大家之一（另二者為涂爾幹與馬克思）。當然，在本書的許多地方，筆者用社會學來代表社會（科）學，也的確有便宜行事之嫌。

【2】因為韋伯在社會學界的崇高地位，本書在一開始就決定盡量使用相對溫和的、軟性的，且較不具批判的口吻來與他進行對話（雖然吾人在寫作的初期就覺得自己會失敗），畢竟這不是一本真正的學術研究專書。還有另一個原因則是，本書作者與許多東方學者相似，因為長期受到儒家思想之薰陶，所以相信凡事以和為貴，特別是看著別人所犯的錯誤時。

【3】東方社會是一個較為籠統的說法，在本書中，如果沒有特別註明的話，一般而言，作者是以中國為主要研究對象。傳統上，東方世界是以中國為中心的朝貢貿易體系為主，日本則是在十九世紀中葉的明治維新後逐漸脫離此一體系，在此之前，中國較其周邊（象徵性）的藩屬國無論在政、經、軍事，以及典章制度大體上處於相對優勢位置。

第一章　儒教倫理與資本主義精神

開門見山地說，社會科學爲西方知識體系所建構，在「二分法[1]」（兩元對立）之上，西洋文化中強調「在場」，而貶抑「缺席」，將此套用在西方與東方歷史之比較上，經常出現在各樣學術論文、書籍、乃至報章雜誌各種論述，經常是西方的「有」與東方（中國）的「無」。據此分析方式而言，當韋伯在探詢西方的興起與東方的衰頹時，他所找到的答案便是資本主義，並且他認爲資本主義乃是西方社會所獨有，在東方社會中不可能找到。這種論述正是建立兩元對立之上，建立在西方的「有」與東方的「無」，其著作《新教倫理與資本主義精神》一書即爲顯例。

韋伯認爲，資本主義的出現是因爲宗教改革的影響，係因新教宣揚著禁慾與榮耀上帝的觀念，促使新教信徒重視儲蓄的行爲以及活躍地從事經濟活動。然而，資本主義雖然是因宗教改革而萌芽，但卻是因商業行爲而興盛，而完全脫離宗教的影響，因爲資本主義的精神能促使經商者獲得更多的利益。韋伯認爲資本主義制度可以看到以下的特質，例如「視勞動爲義務」、「理性化」、「專業化」、「可計算性」等。

本章探討中國在明清時期是否發展出資本主義，並以韋伯所認爲的上述幾個衡量資本主義精神的特質爲標準，來檢視受到儒教倫理影響下的中國是否同樣有資本主義精神，我們將會發現，即使並非早已存在，那麼至少在明朝（一三六八～一六四四）、清朝（一六四四～一九一二）中國同樣可以找到韋伯所認爲只存在於新教徒之間的、且「獨特」的西方資本主義精神。爲此，本書作者改寫數年前曾與學生共同撰寫的〈儒教倫理與資本主義精神〉一文[2]，來說明東方的中國並不缺乏資本主義精神。如此，韋伯所認爲只有在西方社會才能找到之「獨特」的資本主義，事實上一點都不獨特。現在，讓我們先看看新教倫理與資本主義精神二者之間的關係。

新教倫理與資本主義精神

對韋伯而言，在《新教倫理與資本主義精神》一書中，他認爲資本主義的產生與喀爾文教派的教義有關[3]，其「預選說」主張人們能否獲得救贖與個人的作爲並無關聯，而是上帝早已決定的。因此，人唯一能做的便是相信自己是上帝的選民，並且在自己的職業上辛勤工作來榮耀上帝。在不確定自己是上帝選民的情形下，新教徒便必須無時無刻地提醒自己，透過禁慾與商業等活動的理性化過程，不斷累積財富、投資新的且能夠賺錢的行業，來證明自己就是上帝的選民。

這種在個人的職業當中克勤克儉，且不斷投資以創造更高的營利的行爲，讓我們不禁懷疑，新教徒可能早已忘卻原初立意良善的宗教改革，反而只記得利用各種手段（其中應該也包括奴隸貿易[4]），以賺取更多的金錢來「榮耀上帝」。在此種偶然的機會中，資本主義於焉誕生。

有時，歷史的偶然性著實讓人摸不著頭腦，也在在讓人懷疑是否還需要學者爲我們提供合理的解釋。

在韋伯精巧的設計之下，新教的「禁慾」與資本主義的「營利」不僅不是互相對立的，反而存在著強烈的選擇性的「親和性」（這種關係在本書第三章發展國家「理念型」的一章中會再見到）。反觀東方（或者說韋伯想像中的東方、中國），因爲長期受到儒家思想的影響，「修身」變成知識份子的首要工作，而禁慾則成爲修身重要的訓練方式。然而，在（韋伯心裡的）中國，這樣的禁慾卻無法與營利結合，而只能在微風徐徐吹來的綠蔭底下，一群正在修身的儒家哲士們想像著自己日益提升的道德情操，當他們在長安的午後飲茶清談的時候，同時還在批評著能夠提供他們景德鎮精緻茶具、蘇州手工刺繡商賈（的爲富不仁），這豈不就是韋伯和追隨者心中所描繪出來的圖像嗎？筆者相信，中國古時候的書生子弟與現在一樣，難以抗拒白花花銀子的奇妙吸力。當今不少學者將心思放在股市，惦記著自己上個月買的期貨能不能眞的帶來些暴利，也有一些學者曾經利用某公家單位的研究經費來自肥，更有一些不那樣幸運的「知識份子」遭到起訴！只是，在儒家所想像出的美麗圖像底下，讀書人不能直接談論金錢、闊論營利的事，以免爲社會所鄙夷、所不齒。

然而，歷史證據告訴我們，中國傳統法律在南宋（一一二七～一二七九）活字印刷出現之後，居然成爲保護文人士大夫的工具。由於印刷業利潤豐厚，士大夫爲了「私利」鬧上了官府，要求官方保護其著作「權」，他們將「私利」隱藏在王國的「公益」之下，究其目的，還是維護其私有財產「權」（下一章會詳盡解釋）。相較於此，西方的新教徒們可能早已經忘記宗教改革的原初立意，忽略經商致富的手段應該正當，也就是說，所謂的資本主義精神巧妙地（同時也極無情地）結合了奴隸貿易，攫取大量的奴隸與白銀。這也難怪世界經濟體系理論（The Modern World-System Theory）創始人華勒斯坦（Immanuel Wallerstein）曾告訴我們，資本主義的勞動力從來就不是自由的[5]。

暫且讓我們回到韋伯對資本主義的看法吧！韋伯認爲資本主義出現的前提是，每個人都必須要有類似以下的想法：每個人有增加自己資本的責任，不能（過度地）享受，盡可能地多掙錢，將勞動或者有關職業的相關活動視爲自己的義務，這是資產階級文化的根本基礎。當然，這些想法有些宗教的意義在裡面，也有些是非理性的。畢竟人難免被汲汲營利的動機所左右，或者僅求養家活口，但部分人還是能賺得更多一些。另外還有一群人，則把獲利當作人生的目的，這一種顚倒的自然關係卻是資本主義出現的重要原因之一。韋伯認爲，「貪慾」只是引發資本主義的次要原因。人賺錢原本應該是爲了享樂，職業活動只是爲了獲利，爲了讓自身保有享樂的機會。這意味著資本主義的存在，就是讓人們相信金錢萬能而願意爲其奉獻勞動力。

現在，假設我們暫且同意韋伯所主張資本主義源起的看法。他認爲資本主義源起的條件竟然是賺錢而且禁慾，並將職業勞動視爲個人的義務，這與一般賺錢的目的大不相同。一般目的應是把賺錢與享樂連結在一起，賺錢爲了享樂，這是人性常態，因此將獲利作爲目的而禁慾，就顯得非理性。但正因如此，禁慾卻已將西方社會帶到了資本主義「獨特」的境界，至少，韋伯是這樣認爲的。

韋伯還提到，在資本主義成形之前有一段前資本主義時期，這時期的人們有賺錢的慾望，但尚未將合乎理性地使用資本、組織勞動視爲經濟活動的主導力量。韋伯認爲，前資本主義性質的獲利是一種利用各種政治機會以及非理性的投機商業活動，例如：租稅承包、國家借貸、戰爭資助、借助公爵朝廷獲得特權或直接投入官場。這樣的說法乍看之下有理，但事實上利用政商關係以及「非理性」的投機行爲，反而應該在資本主義成熟的社會裡才更容易觀察到，而非如韋伯所言，這些是「前」資本主義性質的獲利機會。但我們還是暫不追究這種說詞。

計件工價（按件計酬）是近代雇主從僱傭那獲取最大可能勞動量所使用的手段之一，韋伯以此來說明前資本主義時期所遭逢的情況。在（前）資本主義時期，雇主爲提高貨品的產量以賺取更多的金錢，但勞動者仍只賺取每日所需之金額，如要勞動者增加付出勞力，雖然可以提高產量，但無法提高品質。如果雇主生產需要高度專注及創新精神的商品，低工資的方法就不能適用，乃要將勞動當成義務。關於「貪慾」，爲了突顯新教徒的特殊性，韋伯進一步提到，貪慾不是促使資本主義出現的主要因素，重要的是勞動者是否有自覺，認爲勞動是必要的，同時以專注的能力、責任感、嚴格計算高收入可能性的經濟觀、提高生產效率的自制力與節儉等等，以提供資本主義精神發展的基礎能力。

由以上分析，我們約略可以看出，資本主義經濟的特徵是：以理性化的嚴格核算爲基礎，不一定追求眼前的利益，但謹愼地追求經濟成功，人們追求不受維持生活的基本欲求所侷限之利潤，將資本投注在商業活動中反覆周轉，重新利用於商業投資，再以簿記的方式記錄，這是商人群體的精神氣質。至於有著資本主義精神的人會有著一些特性：節制有度、講究信用、精明能幹、全心投入事業，並固守資產階級觀點和原則。

韋伯認爲，這些有著資本主義特性的生活態度不可能起源於獨立個體，而是一群人所共同擁有的生活方式。這些特性的出現源於新教教義的改革，獲得救贖、成爲選民之想望的教義，影響了個人的信仰及活動，通過意識的轉化，使個人表現出迥別於過去的商業行動，個人的行爲成了一種爲上帝榮耀而工作的力量。喀爾文教派的「預選說」認爲無法藉由一切聖事改變上帝願意給予的恩寵，也無法確切得知上帝是否給予恩寵，所以只能永遠相信上帝。不過得知自己是否成爲上帝選民卻是信徒們心裡念念不忘的，所以藉由個人在社會中獲得的成就，來間接得知自身的恩寵狀態，其指標是：爲社會提供的財富多寡以及私人獲利的程度。雖然根據預選說，善行無法使自己確定得到救贖，但對於信徒而言，至少還能消除一些可能下地獄的恐懼吧！

另外，新教宣揚禁慾的觀念也是一個重要的歷史意義。新教反對無宗教意義的事物，例如：閒談（清談，這可能是東方的士大夫最常做的事，卻也是不招惹殺身之禍的「娛樂」）、炫耀、奢侈品[6]，也反對非理性的使用財產，因爲禁慾而產生了對消費的限制[7]，加上追求獲利，這導致了財富的積累。不過，新教的教義使人的內心陷入空前的孤獨，沒有任何人事物能幫助他，個人必須嚴格的自我控制，既要禁慾，又要取得社會成就，促成個人主義的出現，不再談論犧牲小我、完成大我，也因此造成現實生活的理性化（韋伯說這是理性實踐），這一切，都是爲了榮耀上帝。如此所爲，最終取得的成就，就是導致資本主義的盛行。

前述的自由勞動力在資本主義裡並非是必要的，在資本主義強調理性追求財富的前提下，非人性的奴隸制度卻發展到了全新的階段——將他人的自由完全剝奪，這些僅爲獲取國家、公司、乃至個人利益的極大化。資本主義強調有制度地運用勞動力，做出最合適的生產與分配，以達到「社會」最大的效益。但是，爲有效的分配勞力，卻得運用奴隸制度。極度理性化的結果卻是極度的非理性。換句話說，資本主義與奴隸制可說是深深結合。這種局面時至今日依然沒變，在農業時期有佃農、工業化時期有被出售的童工，就算是現代也有著許多爲了貸款而付出勞動的人們，成爲房奴、車奴、利息奴。若以馬克思的觀點來看，今日都市中爲數眾多的上班族不也是資本主義的經濟社會下遭受到剝削的對象嗎？

在全球化競爭日益激烈的現實生活壓力之下，大多數的人努力一生也是爲了讓家人能糊口飯吃，只有相對的少數能夠在這樣的情況之下獲利，只有更少數的人還有機會利用不斷地花錢這樣的行爲在所謂的「消費社會」肯定自己存在的價値。在廿一世紀的今日，資本家發展出各式各樣新的「剝削」方式，做更有效率的生產與分配來獲取最大的利益，但是公平與否，就顯然就不是資產階級主要的考量。

最後，資本主義的出現還得搭配另一樣條件——高風險、高報酬（應該也包括高利貸）的經濟行爲。貪慾根存於人性，早便存在的，但韋伯認爲，在所謂的「前」資本主義時期，在宗教改革以前，因爲經濟行爲獲利的限制，賺取多餘生存必需的財產曾被視爲低俗（這分明是與傳統中國士大夫談利益時，那樣讓人鄙夷不屑一樣？）。而在宗教改革之後，新教倫理與資本主義出現之時，韋伯及其追隨者主張高報酬經濟活動的追求開始爲社會所接受。但高報酬的行爲往往伴隨著高投資與高風險，因此庶民很少會累積大量的財富。但隨著新教教義的改革，個人的世俗成就代表上帝的恩寵，財富的積累成爲最顯而易見的評斷，以及學習像僧侶一樣的禁慾，這使人民逐漸富裕，資本的增加影響了能從事的商業行爲，高獲利的工作也受到爲爭取世俗成就的信徒歡迎，這才導致了資本主義的興起。那麼如果高利貸這種暴利（或者文雅地說「高報酬」，就像今日的熱錢到處流竄而產生不可思議的高毛利那樣）也是（成熟）資本主義經常發現的行爲，那麼，證據顯示明朝在此一事業的發展上不可不謂蓬勃。

我們從Gabe T. Wang的研究得以看出端倪，同時也可以自Philip Richardson的說法得到同樣的結論。雖然南宋時期，逐漸將長江三角洲（江南）經營得有聲有色，成爲中國最繁榮的地區，但是，全球知名學者黃宗智（Philip C.C. Huang）卻認爲該區域的農民自明朝開始就過著入不敷出的生活。他運用西方經濟學理中的邊際效益遞減法則來解釋何以農民生活是如此困頓，卻忘記說明在這個中國最富裕的地區，農民怎麼會生活的如此辛苦？錢被誰賺走了？在明朝中葉以後的絲綢（中國）——白銀貿易（美洲）爲這個地區賺進了大量外匯[8]之後，到底是誰將錢拿走，而讓農民吃不飽呢？本書認爲，高利貸可能是罪魁禍首（之一）。蓋當時資產階級藉由收取極高的利息來剝削貧困的農民。在此桎梏下，農民最多也只能圖個溫飽，根本談不上累積財富，一生的辛勞變成了只是賺取利息錢來還債。研究指出，明朝的正統（一四三六～一四五〇）年間，平均的利率高達每年百分之一百，到了嘉靖年間（一五二二～一五六七）更高達百分之六百，簡直是不可思議[9]。那麼，如果高報酬的商業行爲非得要在資本主義社會才能看到的話，明朝的高利貸事業不正是我們想要找到的例子嗎？這例子說明，不一定只在當代的金融市場才能看到，或許早在明朝（以前）就已經發生過了。

儒教倫理與資本主義精神

本節將檢視儒教倫理到底是否眞像韋伯所說的那樣，與資本主義精神無關。這裡有幾個地方必須先說明。第一，中國歷史上豐富的地方志，許多史料對研究具相當重要的價值，但可惜韋伯不懂中文，不過相信應該不難明白，僅用一個省城、縣城的地方志，也同樣難窺中國的全貌，這是不爭的事實。但至少本書還得找些資料來證明自己的說法，這點韋伯並沒有做到，因此，眾矢之的應該不是筆者謝某，而是大師韋伯；第二，我們學習韋伯，同樣以行動者、文化特質來觀察社會，這樣的視角未必不好，但卻容易迷失在個人心理層面的討論，可能預先知道結果，再從文化特質中尋找「答案」，也就是先射箭後畫靶；第三，我們跟著韋伯的步伐，同樣以行動者的社會行動來解釋社會現象，但如此一來卻可能忽略了全球的、區域的、地方的政治、社會、經濟等背景，稍後將提及的「一條鞭法」即是；第四，另外一個可能引發的問題是，到底應該有多少行動者？多少新教徒？比例是多少？百分之五十一？六十、七〇，或是必須是百分之八十呢？或者再高一些，才能使吾人肯定地說，新教徒的存在的確與資本主義精神有關，關於這點韋伯似乎並未解釋。最後，本書也運用韋伯的「行動者」心理動機，雖然我們已經知道這樣做並非沒有問題的，但這可以幫助吾人找尋到在儒教倫理下的中國人民在其文化之中同樣也蘊涵著豐富的資本主義精神特質的蛛絲馬跡，就如韋伯為新教倫理與資本主義精神所做的連結一樣。

中國人的傳統宗教信仰屬於多神教，無論是道教、佛教的大小流派或是民間信仰，皆信仰各種神祇。除了神祇之外，祭祀祖先更是中國民俗信仰的重要環節。中國人相信，人死後仍會在另一個世界守望著自己的後代，保佑後代的平安，因此人在世上若是做不名譽的事也會使祖先蒙羞。比起聖靈，祖先與在世的人們更為親近，於是光宗耀祖便成了人生在世的重要目標，這是禁止崇拜偶像的一神教信仰社會較不容易出現的特性，這是中國傳統宗教與基督教之間較大的差異之處。這樣說來，光宗耀祖不也類似新教徒所承受的心理壓力嗎，因為財富的大量累積經常被視為在祖先的庇祐下才可能達成。為了證明自己受到祖先庇護，商人也會努力賺錢，同樣也能累積資本不是嗎？換言之，為了證明自己與商人朋友們相比更受到祖先保護，商人不也得爲了光耀門楣而持續地投資？

在《新教倫理與資本主義精神》中，韋伯認爲資本主義出現的重要特徵：視勞動爲義務、責任感、理性化專業化與計算獲利與累積資本。然而以下藉由檢證韋伯所提資本主義特徵的四個觀點，來陳述早在明清時期中國便有資本主義的精神，且這精神與西方社會並沒有太大的差別。

將勞動視為義務

白馥蘭（Francesca Bray）教授在〈邁向批判的非西方科技史〉一文中提出這樣的觀點：

> 「中國政治傳統下，工作意味著具象化的社會契約：在此契約之下，統治者及其官僚致力於確保人民（農家）之福祉；而人民耕種、生產穀物以供給自身生活與國家稅收做爲回報，他們的妻子則以紡織來供家人與國家官僚的衣著。[10]」

這是中國發展與歐洲國家不同之處，從事農業是一切社會發展的保障，從事農業勞動並非僅養家餬口而已，同時也是在傳統中國的社會文化下眾人皆必須遵守的義務，因此資本主義的精神不只出現在歐洲觀點下強調的手工業，也更充分表現在中國社會的農業活動上頭。

韋伯認為將勞動視為個人的義務是資本主義出現的重要條件之一，他之所以會如此認為，乃因只有當個人持有這種觀點之後才能有效率地大量生產，並且個人不會輕易因外在因素而放棄勞動或降低勞動的付出。

然而，在明代的中國社會，此一觀念已深入人民心中。

「韓村莊田，乃竇山公（程姓）創業首地，原田一畝，定租十六秤，……況別處莊田，仍有賴於山地之利，以補其所不足；而韓村勤勞終歲，專望於田，而無他利。」[11]

文中提到，韓村的人民終年致力於墾田便是一例證。

明清時期中國的人民之所以能將勞動視為個人的義務，筆者推測至少有兩個重要因素，其一是經濟的發展，其二為儒家思想的推波助瀾。

一、經濟的發展

一個社會的經濟發展到一定水平，能滿足大多數人民的基本物質生活之後，人們才有能力去追求更高層次的精神生活，例如購買奢侈品、追求娛樂等等。

瓷器在中國古代社會並非家家戶戶皆可擁有，可算是奢侈品的一種。因此在經濟發展不足的社會，此種物品無法大量生產。若是社會的經濟發展提升，人民便會（也有能力）注重、追求更高層次的生活，對奢侈品的需求也就跟著大幅增加，如景德鎮的瓷器（景瓷）便「利通十數省，四方商賈，販瓷者萃集于斯（景德鎮）」，[12]「自燕雲而北，南交趾，東際海，西被蜀，無所不至，皆取於景德鎮」，[13]此外，海外市場對景瓷的需求也日益增加，[14]使這種奢侈品有大量生產的機會。

例如，景瓷的外銷量數額頗多：

「日本永寬十八年（明崇禎十四年）……十月十七日大小海船駛入長崎碼頭，共載瓷器兩萬餘件……」[15]

葡萄牙占領澳門後，自明萬曆三十年到清初，從澳門收購的景瓷數量，根據不完全的統計，達一千一百零一萬件之多，[16]以此可見當時景瓷產量之高。要達到如此驚人的產量，除了生產的規模擴大，個人對勞動的心態也扮演著重要因素。藉韋伯認爲個人視勞動爲義務才能遂行大量生產的觀點來解釋，恰如其分。況且歐洲直到十八世紀初才掌握到生產瓷器的技術，[17]顯見瓷器生產之困難，如此高超技術的手工業發產之榮景，也在在說明中國經濟發展的蓬勃繁興。

二、儒家思想的影響

雖然要證明「思想」可能轉換成「（社會）行動」並不容易，就如新教徒個人之間也會比較，非僅爲證明自己是上帝預選的子民，多數時候只想競爭到底誰的豪宅較多，較華麗而已。不過，我們暫時還是遵循著韋伯的路線，以免迷失方向。在《新教倫理與資本主義精神》一書中，強調資本主義是新教的倫理對信徒行爲的約束，如：努力工作、勤儉儲蓄，配合制度、市場的發展等因素所促成。可見韋伯認爲宗教及倫理所推崇的精神對經濟和資本主義發展皆有積極的影響力。

翁嘉禧先生在論及韋伯認爲傳統中國難以發展資本主義的原因，「一是制度層面的因素，另一是個人動機層面的因素」。個人動機層面的因素爲傳統勞動觀無助於社會經濟的成長，這說法在前述已有經濟活動發展之盛況，證明傳統勞動觀念與資本主義發展並不相悖。以下則討論制度面的因素。

雖然韋伯特別重視行動者，但他的確也考慮到制度面的因素。他認為中國之所以無法像西方那樣產生資本主義，其原因有三：

（一）中國並未建立一套有效的貨幣制度，商人組織的權益沒有法律加以保障。

（二）皇帝和官僚集團權力集中，教會缺乏對世俗制衡的力量。

（三）政府的政治力量集中在少數地區，邊陲地區無法建立有效的法律及政治勢力[18]。

至於歷史告訴我們情形又是如何呢？這裡有三個例證，能說明傳統中國的實情，並回應韋伯對傳統中國制度面的看法（雖是如此無意直接批評韋伯）：

（一）戰國時期的商鞅變法使秦國建立一套統一貨幣的制度，在西元前二二一年，秦始皇統一天下時，更成為大一統的國家政策。所以，事實上中國的確有一套明確的貨幣制度。之後，在唐朝出現飛錢，為中國早期的金錢匯兌業務，其功能類似於現代匯票。兩宋、元、明、清皆有發行紙幣，說明中國在貨幣的需求與運用上已遙遙領先其他國家，明清時期更採用銀銅雙本位的貨幣制度，顯示當時經濟發展之盛況。蓋因貨幣雙本位制能增加可使用的貨幣量，假使社會無需這麼多的貨幣，其結果將造成嚴重的通貨膨脹。

（二）中國宗教與歐洲不同，為多元發展，其中以佛、道兩教為最多人所信仰，但其對世俗的影響力卻遠不及難稱爲宗教的儒家思想（雖有儒道釋爲中土三教之說）。儒家思想早在西漢時因獨尊儒術而滲透到人民的日常生活當中，[19]像是推崇孝道、鼓勵農耕的務實精神、選任文官的科舉制度……，其導引芸芸眾生的力量，筆者認爲絕不遜於歐洲的教會。

儒家思想表現出的文化特徵有以下數端：

1. **務實的世俗主義**：該主義表現在歷朝對民生的追求，以具體實踐作爲「以農爲本」的政策。
2. **強烈成就取向的工作倫理**：如刻苦耐勞的工作精神。
3. **節儉與儲蓄**：形成累積資本的行爲，此二者在今日華人社會猶爲普遍認同的價值觀。
4. **重視理性**：最清楚顯示在文官選任的科舉考試制度，理性評分，以高分者晉升，布衣也能成爲卿相。

以上四點對明清時期中國的經濟發展有重要的效益，Peter L. Berger在「世俗化的儒家倫理」中對儒家精神的看法[20]與澀澤榮一在其《論語與算盤》一書中的觀點[21]並無二致，都接受以上的觀點。

（三）明朝洪武三年（一三七〇）實施一種鼓勵商人輸運糧食到邊塞換取鹽引，並給予販鹽專利的制度，是爲開中法。開中法的實施使邊疆新市鎮出現，以晉商（山西商人）

為主的商人為得到政府特許的獲利，大舉遷移至邊疆及軍事要地，招民墾地、運輸糧草、販售軍需品與必需品，促進了地區間的經濟聯繫、擴大市場，更製造了許多工作機會。[22]例如「九邊」之一的大同原只是風沙遍地、人煙稀少的邊鎮，但在商人聚集之後，出現了「繁華富庶，不下江南」的盛況。晉南的運城本是小鎮，在開中法實施之後，由於是河東的產鹽地，不久便成了大城市[23]。

因開中法之順利運作，促使邊疆地區與中原地區政治軍事經濟的聯結，鞏固既有的國家權力與強化商業的發展。

綜而言之，韋伯對於中國制度面的三項批評，包括傳統中國不存在有效之貨幣制度，沒有教會對世俗制衡的力量，與邊陲地區無法建立有效的法律及政治勢力等，在上述證據提出之後，韋伯所言似乎得不到經驗事實的支持。

責任感

若一個社會分工越細微，則各部門間的依賴也就會越高。在商業行為中，分工是理性的分配組織勞動，能提高生產效率，也能增加資本家的獲利。倘使要進行細密的分工，勞動者對自身職位的責任感就很重要。勞動者對勞動越有責任感就越能確保分工進行的順遂。

在中國勞動力的表現上，有勞動者的自我約束，與雇主對僱傭的要求兩方面，以下分別論述。

一、勞動者的自我約束

責任感是約束個人對於工作以外的慾望，俾能專心致力勞動生產。在勞動者視勞動爲義務的基礎上，責任感成爲勞動者行爲表現的常態，也是社會對個人評價的觀點之一。例如，在明朝有個案例如下：

「余僦居錢塘之相安里，有饒於財者率居工以織，每夜至二鼓。……進工問之曰：『以余觀，若所爲其勞也亦甚矣，而樂何也？』工對曰：『此在人心，心苟無貪，雖貧樂也；苟貪，雖日進千金，祇戚戚爾。吾業雖賤，日傭爲錢二百緡，吾衣食於主人，而以日之所入養吾父母妻子。雖食無甘美，而亦不甚飢寒。余自度以爲常，以故無他思，于凡織作，咸極精緻，爲時所尚。……』」【24】

此例為徐一夔居於錢塘江（位於今浙江省境內）旁的相安里時所聽聞之事；該織工「心苟無貪，雖貧樂也」的態度，使其所產之作品皆極為精緻，並為世人所喜愛（「于凡織作，咸極精緻，為時所尚」）。

另一個是清朝的例子。張履祥在《補農書・佃戶》中提到，「佃户終歲勤動，祁寒暑雨……」[25]

此例說明佃戶終年勤奮勞動，不畏風雨寒暑。

第一例中的「無貪」使此工的勞動成果「為時所尚」便是勞動者受責任感約束所帶來的附加效果，第二例說明佃農終年勤奮勞動，不畏風雨寒暑，以此種心態從事勞動也能提高產出物之品質，此為韋伯提倡責任感的原因。

二、雇主對僱傭的要求

雖然西方資本主義史不強調自由的僱傭關係，可能導因於過去長期的奴隸貿易，當然這確實不是什麼光彩之事。但傳統中國的情形不同，其自由僱傭關係在明朝業已成熟發展。當明朝張居正於神宗萬曆九年（一五八一）開始實施的「一條鞭法」，將丁稅納入田稅並合併傜役，以銀兩交納稅金，降低國家對人民的人身控制，至此人民能夠脫離土地的束縛，可自由遷徙至城市，如此一來成為手工業主的僱傭，進一步刺激手工業的發展。

在鴉片戰爭以前，中國在絲綢、瓷器等產業技術的成熟，在全球的一支獨秀應無庸置疑。然而這點卻鮮少被提及，其原因可能與知識份子在一八四〇年之後，中國在軍事、外交上的不斷挫敗有關（本書在下一章將詳細介紹）。然而，事實上，一條鞭法得以施行導因於（美洲）白銀與（江南）絲綢貿易，也就是中國與西班牙大帆船之間的「白銀—絲綢」貿易。起自一五七一年，歷時二百五十餘年，中國賺進了大量的白銀，而使得一條鞭法可以從福建開始試點並且能夠持續下去。該稅改的實施，是明代中國與全球在商貿上緊密互動的重要證明，然而，此一橫渡太平洋的海上絲綢之路卻極少被提及。這在韋伯習慣使用的行動者內心世界來觀察社會之視角更是難以察覺的。

現在我們回頭檢視雇主與傭工之間的互動，由《石門縣誌》對油坊的記載可見手工業的發展：

「鎮油坊可二十家。杵油須壯有力者，……二十家合之八百餘人。一夕作傭值二銖而羸。」[26]

石門縣石門鎮上的油坊有二十家……，這些油坊雇用的工人合計八百多人，雖是分開的二十個作坊，但皆位於同一個鎮上，可推定這些油坊為水平分工的生產，故此已為大型手工場之規模。

在產業規模擴大之後，勞動者對工作的責任感能提高勞動產品的效益、價值與品質，因此，在勞動市場上雇主很重視所僱之人對勞動的責任感。

「治山者往來經理，情弊多端，必須法制嚴明，賞罰必信，此議方為有亦，……栽盆興養，治山者必要佃與近山能幹之人，便於防盜防火。」[27]

近山的田地經營容易產生弊端，訂定制度賞罰才能有效的管理，……而近山的田必要佃與善於耕種近山田地的人，才能減少危害與損失。

「及佃戶受田之日，宜至其室家，熟其鄰里，察其勤惰，計其丁口。愼擇其勤而良者、人眾而心一者任之。」[28]

在授田與佃戶之時，得至其家、認識佃戶的鄰居、觀察工作情形，並記錄佃戶家裡的人口。其中，勤勞、擅於耕種、家中人口眾多且能專心一致耕種之人才是適合租賃之人。

前例指出人心的慾望會引起的弊端，近山之農地須佃（出租田地）與「近山能幹之人」，意思即爲應佃與有責任感與有能力之人；而後例所指「熟其勤惰」並「擇勤而良、心一者」也正是說明責任感之重要。

不只是在農業與手工業對僱傭有所要求，山西商幫在金融業中最具影響力的山西票號，其僱傭制度可作爲商業任用人才之代表。山西票號選用人才的條件當中，除了唯才是用，該職務的受試者對於其職務是否具有責任感，亦是重要的條件。山西票號在經營管理方面發展出類似現代企業「專業經理人」的觀念，其職務名稱爲「票號總經理」。此一職務爲票號最高負責人，其聘用除了考驗受試者是否具備足夠的才能管理票號之外，智謀、德行皆爲須測試的項目。

票號總經理以下，總領、經理、掌櫃分層負責，一切事物皆由總經理管理裁定，若有失職或能力欠缺等不適任的情況，情節輕微者受責難，嚴重者難免解僱。由此可見在傳統中國組織任用人才的方法上，對責任感的要求已成爲必要條件。稍後我們會回頭討論山西商幫[29]。

理性化與專業化

韋伯認爲理性的選擇與分工爲資本主義精神出現在商業活動中的特徵，亦即韋伯將個人思考與選擇的理性化及專業化的分工視爲是資本主義下商業活動應該要出現的形式。

一、理性化

理性化可以表現在將抽象的事物轉換成可計算的數字這件事上，並加以計算，再將得出的結果做比較，選擇最合適的選項。韋伯以簿記生產過程中每個時間單位中所花費的資金、勞力與在市場上的獲利作爲理性化的例子。

吾人以爲，定型化的雇工契約、訂定固定地租與土地的兼併，三者可做爲明清中國理性化的代表。

（一）定型化的雇工契約

定型化的雇工契約清楚制定了勞動者的工作規範、責任與薪資，使工作內容清楚明確，也能使雇主有效的管理雇工。

古籍中有許多有關勞動、僱傭契約的記載，以下舉出數例說明：

「某里某境某人，爲無生活，情願將身出願與某里某境某人家，耕田一年，憑中議定工資銀若干。言約朝夕勤謹，照管田園，不敢懶惰；主家染色器皿，不敢疏失。其銀約季支取不缺。如有風水不虞，此系天命，不干銀主之事。今欲有憑，立契存照。」[30]

契約中某里、某境、某人、某人家、若干皆爲訂約雙方可約定之事，契約當中明訂以契約有效期間爲一年、雇工應作爲之事以及工資發放之時，雖然是以規範雇工爲主，但其實也規範雇主可約束雇工的範圍，這些都是此契約理性之處。

「凡桑地二十畝，每年顧長工三人，每人工銀貳兩貳錢，共銀六兩六錢。每人算飯米二升，每月該飯米乙石八斗，逐月支放，不得預支。每季發銀貳兩，以定下用，四季共發銀八兩。」[31]

此篇爲桑園主人對其雇工所享有權利的規範，但同時也可說是對晚輩述明應該如何管理與經營；二十畝的桑地僱長期工人三名，工資、伙食費之支出、每季（一年分爲春、夏、秋、冬四季）所發放的生活費皆訂出標準，也可看出該契約的理性之處。

（二）訂定固定地租

訂定固定地租不僅使地主能清楚計算每年固定的地租收入，也能使佃農明確瞭解每年所必須支出的成本，以及要賺多少錢才足以養家。如古籍有云：

「立佃約人某，今佃到某都某名下，土名某處，田若干耕種。議定每年秋收，交納租穀若干，每秤幾十斤淨稱，其穀務要干潔，不致短少。如遇年程水旱，請田主臨田監割，幾分田租，幾分力糞，如無故荒蕪田地，自甘照約內交納租數賠償。立此佃約。」【32】

此爲一勞動（僱傭）契約，人某、某都、某名、某處、田若干、租穀若干、幾十斤、幾分田租、幾分力糞皆爲雙方約定的契約內容。其中所訂定年收租穀即具有使地主能清楚計算年固定收入的功能；對佃戶來說，勞動者也可瞭解每年自己所能獲得之收穫爲多少（幾分交與地主，剩餘農穫即爲自己的所得）。

（三）土地的兼併

在農業立國的社會中，相較於受爭議、評價兩極化的商業活動，兼併土地是最穩定，也是最簡單的獲利方式，藉由源源不斷的租金收入，地主不需付出勞力便可再投資、再獲利。如古籍有云：

「前明富家甚多。如吾鄉華氏，世居東亭，田跨三州，每歲收租四十八萬。……蘇州齊門外有錢槃者，亦田跨三州，每歲收租九十七萬。」

此爲錢泳對其家鄉富豪之家與其所聽聞的蘇州富豪之家所擁有之地產的記載，「田跨三州」是在說明華氏與蘇州富豪兩家家產之豐富，「每歲收租四十八萬」、「每歲收租九十七萬」則說明在農業國家只須將資金投資在併購土地，即可獲得龐大利益，這是一種理性的經濟行爲。土地兼併這類的行爲，目前台灣的年輕人應該大多深受其害，因爲這豈非財富逐漸被壟斷的現象嗎？這不是在資本主義制度下才會發生的事嗎？如果我們還停留在西方的「有」（資本主義）必須建立在東方的「無」這種看法之上，那麼將難以合理解釋土地兼併的壟斷行爲。

在此本章略費篇幅談論資本主義高度發展的階段，或許我們可以看到某些有價值的觀點。世界經濟體系大師Giovanni Arrighi引用年鑑學派大師Fernand Braudel對於資本主義的詮釋，Braudel將經濟活動分爲三個層次，最低一層爲物質生活，中間爲市場經濟，最高一層則是資本主義。較低層次爲較高層次之基礎，到了最後一層，叢林法則主導著遊戲規則，大商賈、大玩家開始其爾虞我詐的掠食行動，壟斷（monopoly）專屬於這個層次，並且經常與國家機器保持盤根錯節的關係[34]。從以上Arrighi的說法中可以看出，富裕的商人在資本主義裡（也唯獨在此）才能運用其龐大的勢力，利用各種機會試圖壟斷市場，儘可能占據所有的利潤。那麼，前述蘇州田跨三州的富豪是否也只能在資本主義的社會才看得到呢？如果可證明中國同樣發展出資本主義，那麼，韋伯所稱的「獨特」——這個只可能存在於西方的制度，怎麼也能在中國看得到呢？接著，我們再來看「專業化」的情形。

二、專業化

專業化可說是理性化的一個層面，是由分工與否所產生的利益相比較計算之後，所衍生出較有利的生產方式；而專業分工同時也代表著限制干涉自身職責以外的事情。

但專業分工出現的前提為：社會上大部分的人們都會購買奢侈品，也因為如此，手工業才具備與農業分離的條件。與農業生產活動分離是第一步的分工，之後才逐漸出現個別專業性的分工，就如同生產線般的分工。有了專業分工，生產效率將提高，勞動者的責任亦能明確劃分，俾便利資本家管理。

例如：明代製瓷業的分工十分細膩，《天工開物》提道：「共計一坯工力，過手七十二，坊課程氣，其中微細節目，尚不能盡。」[35]

法國傳教士殷弘緒在康熙五十一年（西元一七一二年）寫了信給中國和印度傳教會會

計奧日神父，內容也提到瓷器生產過程分工之仔細：「粗坯一離開轆轤，就立即被送到第二個人手中，置於坯板上，不久便傳給第三個人，他把坯置於模型上進行印製和整形……第四個工人用泥刀進行修坯。……（彩繪瓷器）在同一工場內是由許多工人分別進行的。一個人單純地把圓形色線繪在瓷器的口緣上；第二個工人描繪花的輪廓；第三個工人接著暈色。這一伙人專門畫山水，而那一伙人就專門畫鳥獸……。」【36】

製作一件瓷器要經過七十二個人的合作才能完成，人人各司其職（專業分工）來完成分內工作，之後便快速交給下一手負責，其組織勞動的專業化分工，細膩程度相較於現代工業的生產毫不遜色。

古籍也記載：

「系眾銀谷，管理者毋得擅行賒借與人，犯者立時追復。」【37】

上例指出管理財務、帳房（銀谷）之人，不可自行將財貨借與他人。

「凡桑地二十畝，每年顧長工三人，……，四季共發銀八兩。其葉或梢或賣，但聽本宅發放收銀，管莊人不得私自作主，亦不許莊上私自看蠶。」【38】

上面的例子說明，管理人不可私自決定發放銀兩，非工作時閒雜的人也不可前往養蠶的地方。前述「管理者毋得擅行賒借與人」與「但聽本宅發放收銀，管莊人不得私自作主，亦不許莊上私自看蠶。」兩者皆明確指出，銀兩之發放並非管理莊務之人的職責，固不得插手，後例還限制莊上的人私自至蠶園看蠶，對雇工行止加以明確的規範。

我們相信，早在明、清時期以前，資本主義早已生根在中國這塊土地之上了。因爲一千年前後的宋朝，已是當時代商業最發達、最進步的「國家」，在商品貿易中大量的貨幣流通和資金往來，促使了世界上最早的紙幣—交子出現，在國內貿易中，開封、杭州等大都市人口眾多、商業繁榮、手工業興起，使中國的生產技術水準提升，瓷器、絲織品、茶葉等物品皆成爲國際熱門商品，海外貿易也逐漸受到政府重視，還設立了市舶司（類似今日的海關）以增加政府收入。不過，在這裡，筆者還是將分析重點回歸到明清時期，以免失焦。

就專業化而言，清代晉幫商人在管理商號上出現「聯號制」的專業化制度，這有點類似現代企業的子母公司的關係。係爲由財東出資，分別對其所經營的事業設立上下層的組織，聘請專業管理人對其事業進行管理的一種體制，其中各商號之間並無從屬關係，但在交換資訊、物資採辦與市場銷售上都會互相合作。

清朝山西太谷縣的曹氏經營事業便是採用聯號制。曹氏財東經營的各商號主要分爲三大號，管理東北各商號的用通玉、管理山東各商號的三晉川，以及管理太原、潞安、江南、張家口、黎城、榆次及太谷的勵金德。在勵金德之下有著曹氏商號中規模最大的綢緞莊—彩霞蔚，而彩霞蔚又負責管理錦泰亨、瑞霞當、錦生蔚等商號。如果瑞霞當的經理想與財東會面，則須由彩霞蔚經理先引見勵金德經理，再由勵金德經理引見財東。這種聯號制在清朝非常盛行，各資本家對其所經營的事業以層級的組織進行有效的管理，目的是在每個生產環節中能夠妥善控管商品的生產，以提高生產商品的效率。

以下爲曹氏商號的組織圖[39]：

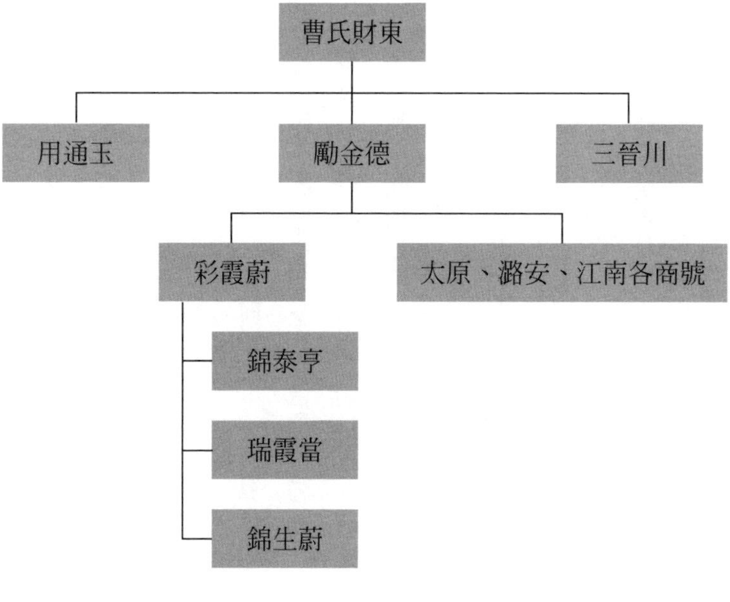

計算獲利與累積資本

計算獲利與累積資本之間有著互相強化的關係，計算能清楚瞭解資本的增加與剩餘，資本的積累也會使商人注意到獲利的效果，而計算獲利與累積資本皆是構築在理性行爲的抉擇之上。只有在計算交易後的收支（韋伯稱此過程爲簿記），人們才能瞭解售出物品與獲利之間的最佳關係。

在以數字的具體運算所得的結果決定應做的選擇、決策的理性化前提之下，計算獲利才有意義，也才能夠累積資本。因此，計算獲利與持續不斷的累積資本是韋伯所強調資本主義的重要特徵。在清朝時的中國，一個小戶人家每年所需的生活費用大約是二、三十兩銀子。清朝首富和珅是位豪商，爲官初期清廉，後來利用職務之便，巧取豪奪，和珅經營工商業，開設當舖數十間與大小錢莊三百餘間，並與英國東印度公司有商業往來。被他抄家時的財產，據統計有白銀三百多萬兩，黃金三萬二千餘兩，加上房產、古董等，其家產折合白銀一千萬兩。根據史料記載，雍正初期的國庫存銀僅八百萬兩，歷十餘年積累經營，增至六千餘萬兩。乾隆時期國庫歲入最低三千餘萬兩，最高近八千萬兩[40]。以小戶人家年生活必需的費用、首富和珅的家產、清朝時的稅收作爲是否身爲富商的比較標準，將容易清楚地看出中國商人累積資本而成富豪之情況：

「平陽、澤、潞豪商大賈甲天下，非數十萬不稱富。」【41】

平陽、澤州、潞安等地有許多的富豪大家。而要躋身大富之家的行列，沒有數十萬兩銀子的積蓄是不行的，而這數字已經是小戶人家一年生活費的千倍以上。從這些例子來看資本集中的現象可說是相當明顯，而這種壟斷的現象，只有在資本主義制度下才有可能發生。執是之故，是否我們非得停留在西方的「有」（資本主義）必須建立在東方的「無」的思維之下呢？

「明季從六世祖贈長史公，精於陶猗之術。秦晉布商，皆主於家。……其利甚厚，以故富甲一邑……」【42】

上面這段話說明了布商長史公於秦晉地區販布，累積的獲利，使該家族成為當縣最富有之家戶。

徽州商人與山西商人在商業上的成就、資本的累積，皆為中國首屈一指的商人團體。明朝的例證記載如下：

「徽州人有汪拱乾者，精會計，貿易於外者三十餘年。其所置之貨，皆人棄我取，而無不利市三倍。自此經營，日積日富，而自奉菲薄。並誡諸子，不得鮮衣美食，諸子亦能守成。」[43]

上面這段記載說明徽州商人汪拱乾精於審算會計，出外從事貿易且專門販售其他商人不售之物，所獲得的利潤爲其他人的三倍。日日的積累、節儉的生活，使其成爲富人。這樣的描述不就是努力賺錢而且禁慾的資本主義精神嗎？此種精神不就是韋伯所堅信的新教徒才可能會有的嗎？

「山西人多商於外，十餘歲輒從人學貿易，俟蓄積有貲，始歸納婦。後仍出營利，率二三年一歸省，其常例也。」[44]

上述的內容指出，山西人多於外地從商，自小便跟人學習貿易之術。晉商的慣例讓他們必須有一定累積的財富之後才能回鄉成家，後即得外出經商、貿易，兩三年才回鄉一次。

「山西富户王泰來，家有現銀一千七百萬兩有奇……」[45]

這段記載說明山西票商王泰來家中的現銀超過一千七百萬兩，而累積的銀兩數量已超過乾隆時期國庫歲入的一半。

中國商人累積財富的行爲現象可說是十分普及。不斷的累積資本促成投資以擴大生產規模、增加獲利、發達商業活動與資本主義發展，與韋伯認爲資本主義的出現需不斷累積資本的情況，可說若合符節。從上面的例證中，我們看到土地兼併、資本的集中，再加上富戶不斷累積資本的記錄，讓我們得知這是財富逐漸被壟斷、被集中的現象，就韋伯看來，這些應該都是資本主義制度下才可能發生的。至此，或許該是我們捨棄西方「二分法」所建構出來的知識體系的時候了。筆者相信，唯有如此，才能跳脫出中國資本主義萌芽（之後，又枯萎了）的這類論述。

不只是新教倫理

綜合前述，明清時期長江三角洲的居民即使不必信奉新教也會想要累積財富，那怕只是比鄰居多累積一點財富而已。累積財富好像是一種本能，全球人口中，無論是信奉基督宗教、伊斯蘭教、佛教、道教者，只要進入市場，無論是否身處資本主義制度下的市場，並且「企業主」的修行極佳，能不以賺錢爲目的，然而由於市場上的競爭，該企業主就必須努力地賺錢，必須比同行的商人占據更多市場占有率，免使遭致邊緣化、甚至退出市場，究其原因，乃是導因於競爭關係而已。倘使如此，那麼，行動者（企業主）似乎也是在某個特定時空背景的關係（社會結構）的約制下，不得不做的事，而非如韋伯所言是因爲某種精神（及其所誘發的社會行動）在作祟。

貪慾並非爲促使資本主義出現的主要因素，重要的是勞動者是否有自覺，認爲勞動是必要的，同時有著專注的能力、責任感、嚴格計算高收入可能性的經濟觀、提高生產效率的自制力與節儉等資本主義精神發展所必須的基礎能力，因爲資本主義無法使自由勞動的人爲其奉獻。但這些文化特質豈不是也能在新教徒之外的群體找到嗎？如韋伯所言，這些有著資本主義特性的生活態度不可能起源於獨立的個人，而是一群人所共同擁有的生活方式。教義影響著個人的信仰及活動，透過意識，使個人表現出不一樣的商業行動，個人的經濟行爲成了一種爲上帝榮耀而工作的力量。神諭的不可變，無法藉由一切聖事改變上帝願意給予的恩寵，也無法確切的得知上帝是否給予恩寵，因此只能藉由個人的社會成就間接得知自身的恩寵狀態：爲社會提供的財富多寡以及私人獲利的程度，從而導致資本主義逐漸成形。

韋伯認爲這些精神上的特性出現源於新教教義的改革，但爲什麼不是住在長江三角洲長期受到「儒教」所影響的那群人呢？對這群人而言，光宗耀祖是可預期的，因爲這是在義務觀的社會人們所應該做的事，而除了求得一官半職之外，賺錢也是另類選項，也因此，光宗耀祖極可能是這群人一生當中最應該做的事，如果他們不太會唸書，那麼他們就只能經商致富，就像台灣（或世界其他區域的鄉下）地方所見的豪宅那樣，通常是子孫到都市或外國打拼之後，賺了大錢，回到老家所蓋的房子那樣，一方面藉此光耀門楣，一方面則是藉此炫耀自己的財富。所以，單單是炫耀這件事不就讓人想要累積財富了嗎？回到新教徒身上，難道新教徒爲了證明自己是上帝所選召者，不會與其他新教徒相互比較財富的多寡嗎？應該如此，否則將難以看出何人較能遵守禁慾的教規，難道新教徒之間在累積自己的財富時沒有炫耀的成分在裡頭嗎？或在證明是否爲上帝預選的子民與炫耀財富兩者之間如何做區隔呢？想必應該與東方中國的光宗耀祖與炫耀之間的區隔同樣困難吧！所以，韋伯要如何證明由於「預選說」產生的禁慾而造成的資本累積，最後產生了資本主義，而非僅僅爲了炫耀？筆者認爲，兩者之間極可能是混搭在一起的。

綜上所述，即使在遙遠的東方，在儒教倫理影響下的中國，同樣也可以找到韋伯以爲只有在歐洲才能找得到的資本主義精神。在歐洲，或者具體地說，新教徒分布的地區，通常也是繁榮的地區，因爲他們很能經商致富。然而這種榮景，與南宋之後富裕的長江三角洲，那群受到儒教倫理影響的人們，存在著相似性。而這樣的相似性被韋伯利用二分法來演繹出西方之「獨特性」所完全掩蓋了。

在第一章即將結束之時，讀者們若還不相信大師韋伯怎麼可能誤導人類思維，那麼，懇請讀者接著閱讀第二章。因爲韋伯是位法學博士，於一八八九年時，他完成了其論文「中世紀商業組織的歷史」而取得了他的法律博士學位。之後，再完成《羅馬的農業歷史和其對公共法及私法的重要性》一專書，完成其教授資格測驗，從此成爲正式的大學教授。話雖如此，讀者將會在下一章發現，法律學教授韋伯對中國傳統法律的瞭解，其實還遠不及他對歐洲中世紀商業組織，更遠遠不及他對羅馬法的理解。但至少對韋伯的追隨者、粉絲而言，這情形似乎還算情有可原。

◆注　解◆

[1] 洪鎌德，《全球化下的國際關係新論》，（台北：揚智，二〇一一），第三五〇~三五五頁。

[2] 本文改寫自翁光燦、謝宏仁之〈儒教倫理與資本主義精神〉一文，該文原刊載於《輔仁大學社會學系研究初探論文系列》，第四六期，二〇一一年十一月。另外，文章的標題之一部「儒教倫教」或許有些爭議，儒家思想在嚴格意義上並不能將之歸屬於宗教信仰，在本書中使用「儒教」一詞係採用最寬鬆之宗教定義。

[3] Max Weber，于曉等譯，《新教倫理與資本主義精神》，（台北：左岸文化，二〇〇一）。

[4] 筆者有一天心血來潮，以Google查詢新教徒在歐洲分布的區域，接著再查詢歐洲參與奴隸貿易的列強分布的區域為何，發現兩者重覆的部分實在不少。當然，這是極不嚴謹的觀察，是故，本書作者強烈要求學生在學術研究的過程中應該極力避免為之。

[5] Immanuel Wallerstein，郭方、夏繼果、顧寧譯，《近代世界體系》，第一、二、三卷，（台北：桂冠圖書，一九九八）。

[6] 事實上奢侈品市場同樣也有促進經濟發展功用，但研究奢侈品的流通難以理解一般民眾日常生活的情形。

[7] 在某些特定的社經條件下，禁慾未必能夠促進經濟發展。正好相反，一個富裕的社會應該鼓勵消費、投資，而非儲蓄，否則將落入所謂的「節儉的弔詭（paradox of thrift）」而造成經濟的停滯。這是日本、台灣政府在前幾年為了刺激景氣而發放消費券來刺激景氣的原因。

[8] Vincent H. Shie. "Framing the Local and the Global, Jiangnan in the Regional and Global Circuits 1127-1840: Re-evaluating Philip C.C. Huang's *The Peasant Family and Rural Development in the Yangzi Delta, 1350-1988*." 《輔仁大學社會學系研究初探論文系列》，第〇〇一六期，二〇〇八年一月。

[9] Gabe T. Wang. "Reviews on *Peasant Family and Rural Development in the Yangzi Delta, 1350-1988*." *Journal of Social History*, 25. Spring 1992, pp. 654-656; Philip Richardson. "Reviews on *Peasant Family and Rural Development in the Yangzi Delta, 1350-1988*." *Economic History Review*, 44. 1991, pp. 557-558; Zhao Yi. "Essays of Usurious Loans in the Ming" [Ming cao kaolidai lunwen]. *Dong Bei Shifan Daxue Qikan*, 24(6), 1996, pp. 54-

78, p. 34.

[10] Francesca Bray，費絲言譯，〈邁向批判的非西方科技史〉，Timothy Brook與Gregory Blue主編，《中國與歷史資本主義：漢學知識的系譜學》，（台北：巨流圖書公司，二〇〇四），頁二一九~二八〇，第二五〇頁。

[11] 明朝，佚名，《竇山公家議》卷四，引自謝國楨選編，《明代社會經濟史料選編》，（福州：福建人民出版社，二〇〇四）。

[12] 方李莉，《傳統與變遷—景德鎮新舊民窯業田野考察》，（南昌：江西人民出版社，二〇〇〇），第三五八~三六一頁。

[13] （清）喬溎修、（清）賀熙齡纂、（清）游際盛增補，中國地方誌集成——江西府縣志輯（七）道光浮梁縣志卷八食貨陶政，（江蘇古籍出版社：南京一九九六年五月），第一六九頁。

[14] 印度、琉球、蘇祿、菲律賓、葉門等地皆有景瓷的市場。陶智（二〇〇〇），〈景德鎮陶瓷銷售市場的歷史與現況〉，《景德鎮陶瓷》，第十卷第二期，第四一頁。

[15] 陶智（二〇〇〇），〈景德鎮陶瓷銷售市場的歷史與現況〉，《景德鎮陶瓷》，第十卷第二期，第四一頁。

[16] 前揭書，第四三頁。

[17] 張國風，《中國古代的經濟》，（台北：文津出版社，二〇〇一），第一五八頁。

[18] 翁嘉禧，《二二八事件與台灣經濟發展》，（台北：巨流圖書），第二一七頁，第二一九~二二〇頁。雖其作者是以儒家思想說明台灣在二二八事件後經濟快速發展的原因，但此等觀念是為社會長久經驗累積所產生的慣例，筆者在此引用上述要點作為儒家思想在明清時期的影響。

[19] 最早可溯及漢朝，漢武帝獨尊儒術使儒家待人處事之觀念深入人心。

[20] 《二二八事件與台灣經濟發展》，第二一九頁。引用Peter L. Berger等，一九八四．十二，〈從台灣經驗看世俗化儒家與資本主義發展〉，《中國論壇》，二二三期，第十三~三四頁。Berger認為儒家精神所顯現的是理性、實用與世俗性。

[21] 《二二八事件與台灣經濟發展》，第二一九頁。引用澀澤榮一著，洪墩謨譯《論語與算盤》，（台北：正中書局，一九八七）。其論點也傾向儒家倫理有助於經濟發展。

【22】張海瀛，張正明，黃鑒暉，高春平，《山西商幫：金融集團，守信不欺》，（北京：中華書局，一九九五），第二五頁。
【23】前揭書。
【24】明朝，徐一夔，《始豐稿》卷一，《雜述．織工對》，引自謝國楨選編，《明代社會經濟史料選編》。
【25】清朝，張履祥，《補農書．佃戶》，引自謝國楨選編，《明代社會經濟史料選編》。
【26】康熙《石門縣誌》卷七，引萬曆十七年賀燦然《石門鎮彰憲亭碑記》，引自謝國楨選編，《明代社會經濟史料選編》。
【27】明朝，佚名，《竇山公家議》卷五，引自謝國楨選編，《明代社會經濟史料選編》。
【28】清朝，張履祥，《補農書．佃戶》，引自謝國楨選編，《明代社會經濟史料選編》。
【29】張海瀛等，《山西商幫》。
【30】明朝，佚名，《五刻徽郡釋義經書士民便用通考雜字》卷二，引自謝國楨選編，《明代社會經濟史料選編》。
【31】明朝，庄元臣，《曼衍齋草》，引自謝國楨選編，《明代社會經濟史料選編》。
【32】明朝，呂希紹，《新刻徽郡補釋士民便讀通考》，引自謝國楨選編，《明代社會經濟史料選編》。
【33】錢泳，《登樓雜記》，引自謝國楨選編，《明代社會經濟史料選編》，（福州：福建人民出版社，二〇〇四）。
【34】Giovanni Arrighi. *The Long Twentieth Century: Money, Power, and the Origins of Our Times.* (London and New York: Verso, 1994).
【35】謝雯琪、范錦明，《傳統與制度創新：景德鎮陶瓷產業發展的比較研究》，（高雄：中山大學大陸研究所，二〇〇七）。
【36】謝雯琪、范錦明，《傳統與制度創新》，引用梁淼泰，《明清景德鎮城市經濟研究》（南昌：江西人民出版社，二〇〇四），認為以康熙時的製瓷手工工場情形回溯至明代後期的手工工場不會有太大的出入。他引用《列寧全集》第三卷，第三八六頁：「分工的發展和加深進行的非常緩慢，因而工場手工業幾十年來（甚至幾個世紀）都保存著一開始就採用的那種形式。」支持他的推論。

【37】明朝，佚名，《賓山公家議》卷七，引自謝國楨選編，《明代社會經濟史料選編》。

【38】明朝，庄元臣，《曼衍齋草》，引自謝國楨選編，《明代社會經濟史料選編》。

【39】張海瀛等著，《山西商幫》，第四三頁。

【40】暹國維，〈澤潞商人誰來研究誰來開發？〉，新浪博客，二〇〇九，檢索自：http://blog.sina.com.cn/s/blog_48c1769b0100fm28.html，檢索日期，二〇一一年十二月十三日。

【41】明朝，王士性，《廣志繹》卷三《北方四省》，引自謝國楨選編，《明代社會經濟史料選編》。

【42】清朝，褚華，《木棉譜》，引自謝國楨選編，《明代社會經濟史料選編》。

【43】錢泳，《登樓雜記》，引自謝國楨選編，《明代社會經濟史料選編》，（福州：福建人民出版社，二〇〇四）。

【44】紀昀，《閱微草堂筆記》卷二三，《灤陽續錄五》，引自謝國楨選編，《明代社會經濟史料選編》。

【45】暹國維，〈澤潞商人誰來研究誰來開發？〉。

第二章　還原眞相：西方知識體系建構下曲解的中國傳統法律

在撰寫本章的過程中，有一天就讀小學三年級的兒子正巧站在書桌旁看著電腦螢幕上的標題「還原眞相」，他問爲什麼要還原眞相呢？雖然兒子大概聽不懂，但我回答，有一位非常有影響力的學者叫韋伯，對東方世界，對中國的錯誤描寫誤導許多的學子（無論是在東方或者西方社會），讓他們誤以爲古時候的中國不值得研究，因爲「現代」、「進步」的制度都是西方人在一八四〇年鴉片戰爭以後爲中國帶進來的。兒子似懂非懂地繼續問道：拔比，你不是說過我們的祖先在一七八五年從福建泉州移民到台灣，（南宋時期的）泉州很早以前是世界大都市，就像今天的紐約一樣嗎？明朝，還是清朝（？），上海一帶是世界上最繁榮的地區嗎？這個人怎麼會這樣說……

眞相必須還原[1]。

無論刻意與否，在西方社會所建構的知識體系之下，中國傳統法律長期以來遭受扭曲。西方社會自羅馬法頒布之後，個人財產有了法律保護，權利（rights）觀念逐漸形成，保障人民權利不受任意侵犯，遂成爲執政者維護社會秩序之基本原則[2]。換言之，西方社會的個人是在「權利」觀之下被治理，個人得以藉著訴訟來捍衛法律所賦予的各項權利。是故，在排難解紛背後所蘊涵的理念是維護個人權利不被侵犯。東方社會則與西方社會有所差異，以中國爲例，漢朝（二〇二B.C.～二二〇A.D.）爲鞏固政權，國家（亦即意識型態的上層建築）獨尊儒術，君臣、父子、夫婦、長幼、朋友等五倫成爲眾生百姓思云言行的規範，各人皆當恪遵本分，社會氛圍強調個人對群體的義務，而顯得井然有序，君子重「義」輕「利」，小人則爭利不爭義。在傳統社會裡，至少在統治階級的想法之中，良善的人恥談爭利，更何況僅爲個人私利而在官府興訟？從而權利的觀念、意識在中國這塊土地上難以獲得養分。

自十五世紀起，西方列強開始擴張其海外領土（也就是大航海時代的來臨），在接下來的數個世紀中，歐洲人對於東方世界——特別是中國——的描繪，與西方知識界對於中國的「認知」（或誤解），亦隨著西方世界在世界經濟體系地位的改變而跟著改觀[3]。在西方爲瞭解東方社會而構築的知識體系裡，中國的傳統法律體系遭到嚴重誤解。數百年以來，不少西方學者在其著作中對於中國的描寫影響著後世對東方、對中國的看法。在社會學領域之中，身爲古典三大家之一的韋伯，這位影響力可謂無遠弗屆的學者，他對中國傳統法律體系的輕描淡寫、輕視鄙夷，事實上已經長期誤導了學術界的思維。

法律制度的公正與否，攸關著統治政權的正當性、政府的威信、對商業行為的信任、經濟活動的預期心理等。誠如韋伯所言，假使法律制度無法提供「可預測性」，則交易無法進行，更遑論資本主義的產生。是故，在韋伯的世界觀裡，東方的中國因為專制者可以為所欲為，法律毫無威信可言。自秦朝大一統之後，法律即處於停滯的狀態，在此之下，財產權利無法得到保障，使資本主義無由產生。這種邏輯看似合理，然而中國是在「義務」觀的教化底下，在這種義務觀的社會思維下，人民無法弄清「權利」的意義。但難道因為這樣，人與人之間的糾紛就得不到解決嗎？難道一個強調義務的國度，人們便不知要利用各種手段來保護其財產嗎？

本章探究「義務觀」下中國社會的大眾如何行使權利，並突顯以西方「權利觀」來檢視中國的社會，將難以看清中國法律體系的運作方式。

首先，西方知識界長期以來為東方社會（在本研究，尤指中國）建構了西方向全球擴張所需要的知識體系，如此，不僅影響了西方社會對中國的認知，同時也影響了中國的學者；其次，中國是個強調「義務」的社會，在晚清引進西方法律制度（一九〇〇年庚子新政）之前，社會並不存在權利意識。那麼，在一個「義務觀」當道的社會，人民行使財產「權利」的方式也必然與西方有所不同；第三，討論中國傳統法律與知識產權保護相關的議題，在此將證明在南宋時期中國已經建制「全球」最進步的知識產權（主要爲著作權）保護的相關法律及措施。這可證明韋伯對中國法律體系有所誤解，他認爲中國傳統法律自秦朝一統之後，即處於停滯的狀態。因爲在韋伯的心目中，唯有歐洲大陸法系是形式理性[4]的法律，也惟獨這樣法律才會具有「可預測性」，只有在人身保護與私人財產獲得保障之後[5]，像資本主義這樣進步的制度才可能建立。

也因此，如果我們可以在中國歷史上找到充分的證據，說明早在宋朝（九六〇～一二七九年）之時，知識產權都已經利用某種方式進行保護，這豈非說明中國早便存在資本主義了？因爲這樣進步的產權保障不是應該只在資本主義制度盛行的地方才可能出現嗎？至少韋伯是這樣想的。第四，本章說明學術界可能過度誇大西方法律的「優越性」，另外提出更多證據，來解釋中國傳統法律的進步性，藉以還原歷史眞相。最後，總結本章的發現。

西方建構下的東方知識體系

誠如Ho-Fung Hung所主張，自十七世紀開始，西方知識界對東方世界（特別是中國）的主流看法即擺盪在對中國的「熱愛」（Sinophiles）與「恐慌」（Sinophobes）之間，Hung認爲西方知識界對中國的認識受到兩股力量所影響：其一，在資本主義世界經濟體系裡，持續變動著的政經關係，其二則是西方列強國內的知識界的政治角力。他指出歐洲學術界自十八世紀開始從Sinophiles轉變成Sinophobes，與其海外擴張、經濟繁榮、中產階級興起有關，這使得其中產階級原本對於中國（商品，像是絲、瓷器）的狂熱，轉而對中國專制主義（absolutism）的批評[6]。在不甚瞭解中國歷史的狀況下，特別是在中國傳統法律體系這個領域，德國著名社會學家韋伯可謂其中之佼佼者，他認爲在中國專制主義下，法律的運作經常爲皇帝個人意志所左右，不具西方法律特有的形式邏輯之思維。確實，中國法總是給人一個印象，國家法是刑法，自秦朝極端的專制主義起，給人們以刑罰是統治者恣意支配之印象，使人產生了中國的法只是一家之法的觀念[7]。

如同Karen L. Turner（高道蘊）曾經批評的那樣，在韋伯之後，縱然西方的漢學研究已經有了更多文獻可以使用，西方漢學家卻繼續沿用韋伯十九世紀關於中國的觀點。John King Fairbank（費正清）——美國的漢學巨擘、哈佛大學東亞研究中心創始人——所撰之《東亞：偉大的傳統》即是顯例，這是一部「可能比其他任何美國有關出版品都對更多的學者具有影響」的教科書，對中國法律的描寫幾乎與韋伯如出一轍[8]。「建構的」、「誤解的」或者甚至只是「便宜行事的」研究所描述出來的東方世界，是一個沒有理性的、不可預測的、停滯的、只是西方社會的對應物。如此的知識建構或有其政治目的，蓋因早期西方人對於中國法治評價極差，使得西方列強亟欲在中國獲得治外法權，所以必須先「證明」中國法律野蠻落後，不值得西方人尊重與遵守[9]。

相信來自西方社會「進步的」理論能夠充分理解東方社會的學者不在少數，對西方知識體系不抱任何批判立場的學者同樣爲數不少。例如，學者黃維幸在其《法律與社會理論的批判》[10]一書中全盤地奉韋伯的見解爲圭臬，他也認爲資本主義所需要者爲西方社會才有的「可預測的」法律制度，而且法律制度還必須是形式理性的。他主張「中國傳統法律充滿儒家倫理，而公務及司法行政又是家長式的恩情重於法規；加上中國沒有法律專業，都市亦無法律確保的權利，都使法律無法發展其內在形式的理性及高度的自主性。這種法律制度與資本主義發生的要件不合」[11]。

以上有幾個論點被黃維幸（及其他學者[12]）視爲理所當然，但這些論述不無疑點。第一，黃維幸所說的充滿儒家倫理、家長式恩情，無法律專才等等，主要在於強調韋伯將中國傳統法律的不可預測性，難以捉摸；第二，西方社會之所以進步，乃因形式理性的法律促使資本主義形成的要件，相對地中國社會缺乏「形式理性」的存在條件，也就無從形成資本主義；第三，這種看法正是建立在西方的「有」，與東方的「無」之上，也就是說，在知識的建構上，西方應該存在著許多「優勢」（advantages），而這些要件「不可以」在東方社會中找到，否則，整個知識建構的偉大工程將面臨延宕的命運。

在此，筆者先提出以下的疑點：如果中國法律制度眞如韋伯所言，自秦代開始就處於停滯的狀態而不再進步，其經濟活動必然不可能興盛，因爲商業行爲無法預測，那麼我們將難以解釋爲何南宋以來長江三角洲市鎮數量從宋代的七十一個，增加到明代三百一十六個，再增加到清代的四百七十九個[13]，這豈不是一幅繁榮的景象嗎？如果法律制度眞如韋伯指出的缺乏「可預測性」但經濟成就卻得以飛黃騰達，那麼，中國的治理能力應當是無與倫比，除了韋伯讚揚過的治水能力外，應該還有許多可圈可點之處才是。

近代中國衰落的原因很多，在西方主導的知識體系下，不少東方的學者批評起東方（中國）時卻也顯得理直氣壯。舉例來說，「中央集權」也是學者經常掛在嘴邊，用來批評中國的國力漸衰的理由。學者陳志武、王勇華帶著責備的口吻批評說道：「至少從唐朝開始（六一八～九〇六年），直至一九一一年清朝末年，中國一直就是中央集權制。皇帝透過其官僚機構和他的絕對權力控制、管理整個國家。最低等級的官員是縣級，這些官員代表中央政府行使包括徵稅、公共工程建設、乃至法律訴訟等所有國家權力。因此司法審判僅僅是眾多行政行爲中的一種。由於在政府機構中根本沒有『分權』思想，那些郡縣級地方官員事實上不受任何制約……。中國法律傳統的另一個特徵是，強調行政與刑事制裁，缺少民事責任以及程序法方面的規範[14]」。上述這個段落有幾個地方值得討論，第一，這是歐洲殖民者對中國的誤解，是想強調東方（中國）專制主義，皇帝不受法律約束，可以爲所欲爲，在中國（與伊斯蘭）傳統法律體系中，所謂的「卡迪」審判可以輕易地找到。

韋伯曾說過，要想在卡迪（K[h]adi，長者）審判中找到法律一致性是不可能的。尤有甚者，直到一九八〇年代時，美國法官仍不客氣地引用卡迪審判來突顯伊斯蘭法律之專斷性與任意性。然而，伊斯蘭法律大抵是基於理性的istihsan，此種法律的邏輯推演，極類似於美國的先例（precedent），若是將istihsan翻譯爲英文，則作「類比的推理」"reasoned distinction of *qiyas* (reasoning by analogy)"[15]。韋伯對阿拉伯世界卡迪審判的批評並無歷史事實的支持，根據張偉仁的研究，在十七、十八世紀時，卡迪已根據「習慣」來解決兩造之利害衝突，而民間的習慣正是西方學者所熟知的法律體系之重要組成成分[16]。

第二，陳志武、王勇華所提及地方官員不受上級約束，可從稍後將探討之刑事檢驗流程中涵蓋覆核的步驟，而加以反駁；第三，至於中國法律體系中缺少民事責任的部分，本文稍後亦詳細說明。由於中國古代並未頒布類似羅馬法的正式法典，也沒有一部民法法典，因此學者可能產生誤解。但筆者先以實行嚴格之中央集權制下的宋朝刑事案件中，極爲進步的（但可能被有氣質的學者認爲不登大雅之堂的）驗屍制度，特別是其注重程序的部分，以此來反駁陳志武、王勇華所持之論點，即中國古代的地方法官不受上級約束的這種看法。

宋代法律詳細規定參與檢驗的組織、人員、案件的範圍，組織與人員的職責也有明確分工。首先，負責檢驗的官員主要是司理參軍、縣尉，此外，人吏（即供官府驅使的差役）和仵作（行人）（即今日之法醫）等人要隨同或配合官員進行檢驗。第二，除了仵作之外，官府也根據案件的實際需要聘請具有相關知識的人出席，從《洗冤集錄》（世界第一部法醫學專著）之卷二《婦人》和卷四《病死》的內容來看，可以推論出宋代配合檢驗官進行檢驗的人員還包括了穩婆（產婆、助產士）、醫生等相關人員[17]。第三，宋代法律對何種案件在什麼情況下應當檢驗。例如「凡殺傷公事（因鬥毆、賊盜導致的死傷）、非理致命（如投水、自縊、……火死……牛馬踏死等）、病死（無醫生證明及猝死者）、……不僅民戶死亡須經檢驗，而且奴婢非理致命者，也要即時檢驗」[18]。第四，爲求檢驗公正，對於初檢、覆檢的每個階段、其步驟、活動都提出了具體的要求，例如，差官對於案發現場及屍體的狀況進行初次檢驗，分爲報檢、差官、檢驗、申牒四個步驟[19]。再以「報檢」爲例，在發生殺傷案件或非理死亡事件後，當地鄰保、家屬必須申報州縣官府差官。最後，在檢驗文書中，包括了實體性文書《驗狀》、《正背人形圖》，與《驗屍格目》等。《驗狀》相當於當代現場勘驗的筆錄與屍體檢驗報告的綜合體，而《驗屍格目》則是爲了監督檢驗官員，主要內容包括檢驗時間、工作程序，與對違法檢驗的舉報方式之司法救濟途徑。經驗事實告訴我們，即使用當代的觀點來看待宋代之檢驗制度，都不得不懾服於其程序之完備。故此陳志武、王勇華所言並無根據，顯見其想法受到西方建構的知識體系所制約。

長期以來，中國不僅在地緣政治被邊陲化，知識份子同樣受到資本主義這個概念所影響。亦即在一八四〇鴉片戰爭之後，中國社會因西方的船堅砲利而幾至崩解，其知識份子必須重塑自己對中國的再認識，此一背景迫使知識份子對資本主義理論、其文化型態，以及傳統與現代性間的論戰等，持續一段極爲漫長、灰心沮喪的互動關係，這種互動關係猶如鬼魅地回頭來形塑歷史在中國書寫的方式，並且至今尚未停歇[20]。資本主義這個概念曾被二十世紀初葉中國知識份子當作理解（或誤解）中國之起點，這個概念本身或許沒有問題，問題在於學者幾乎不假思索地採用回溯式的（retrospective）研究取向[21]，如同Jack A. Goldstone所質疑的，爲何中國過去數個世紀海上貿易居於領先的事實總是被忽略？通常學者經由後見之明（hindsight）所得到的答案總是：中國缺乏資本主義[22]。這是因爲對於歐洲人而言，歐洲的「有」，必須建立在東方（特別是中國）的「無」之上。

眞相必須還原，而歷史總會告訴我們眞相本來的面目。比較歷史學家經常提到的一個觀點是，中國在歷史上是「人口過剩」（overpopulated）的，這是因爲中國的生育力（fertility）比世界其他地區高出許多，從而導致人口過剩。以歐洲的觀點來看，這是因爲歐洲人更聰明、謹慎、個人主義，或者更如何如何，而亞洲人（特別是中國人）則因爲缺乏上述的特質而不知節制，使得人口過剩[23]。Goldstone引用了James Lee與Feng Wang的研究，指出英格蘭在工業革命以前，大約在一五〇〇～一七五〇年，人口成長率比中國高出許多。在這段期間，英格蘭的人口從二三〇萬成長到了五七〇萬，中國的人口則從一億二千五百萬成長到了二億五千萬，成長率分別是百分之一五〇對百分之一百，英國人口成長率確實比中國高出許多[24]。光是從這個例子即可看出，藉由探索經驗事實，讓理論、概念與觀點應該不斷地與歷史進行對話。但歐洲殖民者卻抱持著偏頗的觀點在看待非西方國家，透過這樣的視角，偏見持續滲入非西方國家的知識系統之中。

Timothy Brook（卜正民）十分理解東方學者在西方建構的知識體系下進行思維活動所受到的限制。他說，所謂「現代性」的核心概念即是，「過去一要被超越」。所以，基於這樣的現代性而展開的知識體系，乃將西方的優越性以（西方人眼中之）歷史的觀點加以定型化，並且將晚近歐洲的崛起對比於非歐洲「長久的」落後。那些根據此種「現代性」而期待自己能克服中國落後狀態的知識份子們，他們所建構的方法自然而然地也就成爲歐洲人從十九世紀中葉起開始書寫的「近代史」的一部分。由於這種近代史大力宣揚資本主義的豐功偉業，因此亞洲的知識份子開始以西方資本主義的觀點來書寫亞洲。就中國的例子而言，知識份子似乎只能在沒有資本主義、同時也欠缺現代性的情況下，來撰述中國的歷史[25]。舉經君健爲例，他就曾經如此建議：「清代及其以前的社會經濟，乃是一種結構簡單的社會經濟，它是在以低速發展的小農經濟的基礎上構成的……在市場交易方面，清律關於牙行制度的規定，從物價到買賣方式均加以控制，把市場限制在一定的交易秩序之中，其結果必然是限制了商業的自由競爭，抑制了商業資本的活躍，商品經濟的發展從而受到侷限[26]」。從這段話不難看出，經君健認爲自由競爭是資本主義的重要因素之一，而清代商業經濟裡並無自由競爭的因素，反而清廷以各種方式來抑制市場競爭，最終導致經濟發展受到限制，資本主義的要素也就無從在清朝的土地上發現。因爲，在經君健的想法中，「落後的」滿清必然與西方資本主義社會之「進步」、「現代性」無緣。

綜上所述，在西方社會爲東方（特別是中國）建構的知識體系的「指引」之下，不少學者對於中國存在著誤解，並視之爲理所當然。

義務觀下的權利行使

在中國這個不談權利只講義務的社會下，政府如何來維護個人的「權利」？人民到底運用什麼方式來排難解紛？簡單地說，在這樣的社會中，因爲官員、人員普遍沒有權利意識，執法機關是經由「懲罰」侵害他人財產的加害者，來間接保護被侵犯者的「權利」。在此，首先明瞭中國的義務觀到底如何形成；其次，傳統上中國知識份子對理想社會的「表達」（representation）與人民在日常生活的「實踐」（practice）並非相同；再其次，介紹學者黃宗智「實踐歷史」的研究取向，藉此來比較中、西方對於「法」觀念的不同思維。

三綱五倫與義利之辯

二千餘年以來，儒家思想在各個層面影響著中國衆多百姓，統治者以「三綱五常」來穩定社會秩序，三綱指的是君爲臣綱，父爲子綱，夫爲妻綱，五常則指仁、義、禮、智、信，三綱五常成爲了人際之間的道德規範。

具體而言，始自西漢，儒家的君臣之禮、夫婦之別與長幼之序的思想便逐漸影響中國法制化的過程，例如有關重罪十條之「十惡制度」被唐、宋、元、明清律所採用。其中之「謀反、謀大逆、謀叛、大不敬」是求尊君抑臣，「惡逆、不孝、不睦、不義」則落實父子、夫婦、長幼之別。經過歷朝諸儒生的努力，儒家思想逐漸爲法律制度吸收，其所主張的秩序觀也得以在中國傳統法律中實現[27]。

儒家思想講求天人合一，追求「和諧」的思維，在在影響著中國社會裡糾紛解決機制的運作。舉例而言，自先秦延續到清代的「義利之辯」隱含著「去私」的前提，這樣的前提貫穿於法律文化之中，雖然在現實生活中，老百姓會爲私人利益而產生糾紛，但至少統治階級希望看到的是一個和諧無訟的社會。在古代製造「學說」是統治者及其所屬的士大夫階級的特權，在這種「不言利」的氛圍中，我們約略可知中國傳統文化不能夠產生權利概念的原因。但要記得，這是「官方的」表達，它未必等於「民間的」實踐。

傳統觀念認爲，中國古代的「法」就是「刑」，它作爲統治者的一種暴力工具與控制手段。也因此在古人心目中，「法」只是君主用來統御臣民，法律是一種「治」與「被治」的關係。中國傳統的法律基本上難以擺脫這層關係，成爲像西方羅馬法那樣的私法，藉由保護個人的「權利」來達到糾紛解決之目的[28]。以西方法律體系的特點來與東方社會做比較的學者不在少數，鄧建鵬是其中之一，他說：「傳統中國占主導的儒家意識形態爲私人安排制度性的道德化生活：以修身、齊家、治國、平天下作爲生命進程的次序，以三綱五常作爲日常生活必須遵守的準則。在這些先天的強制道德安排下，中國傳統法文化中缺乏獨立的意思自治的個人，無法形成以此爲基礎的正當性私人權利主體[29]」。明顯得很，鄧建鵬是以西方的視角——個人爲權利之主體，來審視中國傳統社會，但爲何一定要在中國這個事事講求義務，強調家族主義的社會去尋找西方社會的個人權利之因子呢？

西方社會解決民事爭端的原則是保護個人「權利」，中國則是利用中間人（調停人），讓衝突兩造雙方針對各自看法加以陳述，以當事人各退一步來找出「妥協」的方法來解決衝突，其背後的準則就是儒家思想中的「和諧」。質言之，中國解決民事（細事）

糾紛的機制與講求權利保護的西方社會不同，也就是說，西方並不倚賴調解、調停來處理爭端，即使近來美國也加入這種（中國獨特的）調解制度，但其風貌仍有差異。可以這樣說，「調解」、「調停」是在處理民事糾紛上，中國與西方法律最大的不同。以美國爲例，雖然在半個世紀以前有了"alternative dispute resolution"（ADR）運動，但大部分人尚未將「調解」視爲解決糾紛的主流方法。

加州大學洛杉磯分校教授黃宗智在分析中國法律體系糾紛解決的獨特機制時，他將主要的研究時期限定在清朝、民國、計畫經濟時期，與改革開放之後。然而長久以來，在中國傳統法律體系裡頭，官府以審斷重案爲主，民間則負責對細事進行調解。是故，中國法律體系的運作方式與西方法律不同之處，在於中國社會裡，許多糾紛在官府（法庭）之外便已解決[30]。而根據學者梁治平的說法，最遲自從宋代開始，民間細事糾紛已逐漸由社區、家族來解決，因爲在宋朝之後，家族組織日益完備，這使得直接由官府來處理的案件相對減少，同時也使得民間自行調解的作法逐漸成爲定制。之後朝代對於民間調解的方式、作法等均有其規定，例如，明朝的法律規定了，「各州縣設立申明亭，凡民間應有詞狀，許耆老里長准受理於本亭剖理」[31]，到了清代，官員則容許鄉保調解細事，雖然法律規定不得如此，但民間則有此習慣。清朝法律規定，「民間詞訟細事，如田畝之界址溝洫、親屬之遠近親疏，許令鄉保查明呈報，該州縣官務即親加剖斷，不得批令鄉、地處理完結」[32]，但實務上大量有關『戶婚田土』的細事爭端是在官司之外解決的[33]。簡言之，「調解」機制的存在與制度化，是使東方社會迥別於西方社會的法律體系，因此必須予以重視。

表達與實踐（representation and practice）

我們應當這樣理解，理想（知識份子的「表達」）與實際（人民在平日生活中的「實踐」）未必等同，這種「表達」異於「實踐」[34]的現象表現在中國社會裡社經地位的排序，對訴訟的態度上，在儒家思想的表達與實踐上，或許同樣出現在義務觀教化下的知識份子對於自身現實利益的表達與實踐之上。

自古以來，中國的士大夫所描繪出「理想的」社經地位之排序一直是士、農、工、商。然而，社會上實際的排序並非以知識份子心中所形成的圖像呈現出來，因為一如現在，過去在日常生活中，很少有富人被貧窮的人輕看，並且富戶通常比較容易與有權勢的人建立起關係。由此顯見，商人較有可能從政，而從政者比較容易獲得商場上對他們有利的消息，賺取更多利潤。故此，商人怎麼可能被相對貧窮的農人、工匠瞧不起呢？這種士農工商的排序基本上難以符合社會大多數人的期待，況且在中國歷史上實在難以找到一小段特定的時期農人的地位比商人還要高，所以，「士農工商」這樣的理想圖像只存在統治階級的想法中。

學者張維安是韋伯的支持者之一，他認爲儒家的倫理包括了嚴格的工作紀律、勤儉的作風與重視長幼尊卑等要素。筆者認爲，這些要素與「視勞動爲義務」並無二致，甚至可說他的論點類似於工作倫理的要素與「視勞動爲義務」彼此是相輔相成的[35]。此外，張維安還堅持韋伯的論點是合理的，他認爲中國的商業受到所謂的「抑商重士」之限囿，他說，如果「用韋伯的方法做個思維實驗（mental experiment）：如果商業謀利的活動與行爲，可以得到正當性（legitimate）的基礎，則中國商業是否可能較既有的成果更爲豐碩？即可明顯[36]」。從以上這段話可以清楚看出，張維安認爲是儒教倫理抑制了「西方資本主義」在中國的萌芽。然而，他所謂「商業受到壓抑」的問題云云，本書認爲，除了在大洋航行的技術之外，應該是「全球的」絲綢—白銀，還有棉花—白銀之間的供需問題。易言之，如果西方人能找到更多白銀，而長江三角洲的農民、工匠能生產更多絲、棉、瓷器等製品的話，根據比較利益法則，中國（和西方的）商業往來會產生更豐富的成果。在此且讓吾人另行一個思維實驗：假使十六世紀到十九世紀非洲大量的年輕勞動力都可以留在非洲，而不被送往新大陸的話，非洲經濟——尤其是送走最多奴隸的西非地區——是否能有更良好的經濟表現呢？答案同樣是顯而易見的。

中國的「無訟」文化是第二個例子，由此得窺中國傳統法律的「表達」與「實踐」存在著差異。無訟的理想圖像，與儒家思想中的天人合一、追求和諧有關，在這種理想之下，爭端應該「完全地」交由道德原則來解決。但是，如果依然得對簿公堂，也應該由地方官員經由「道德教化」來治理，故此稱之爲「父母官」[37]。郭星華教授精闢地指出，在傳統中國，一個理想的社會應該是「無訟」的，當中的「訟師」被稱爲「訟棍」，表達出社會對於好訟之人的鄙夷與憎惡。然而，這是一種「表達」，通常是統治者、知識份子的表達。但現實面人民可能存著另一種情景。他說，民間並沒有「無訟」的概念，所以「健訟」、「畏訟」、「懼訟」等看似相互矛盾的思想傾向，必須根據特定的社會關係來理解其對訴訟的眞正態度[38]。筆者以爲，郭星華最大貢獻在於提醒我們一個極重要的議題，「無訟」這個士大夫表述心目中的理想世界，與「好訟」、「健訟」這個才可能是老百姓眞實世界的實踐，兩者之間究竟存在著多大的差異呢？以經濟繁榮的宋朝爲例，人稱宋朝好訟，這一說法可從「編敕」數量的快速增加看出來，同時也可藉此反駁韋伯所言，中國傳統法律體系已停滯許久，自秦以降不曾變動過的荒謬說法。

編敕的增加是一種法律與社會互動之後的結果，宋朝以編敕的形式以補「律」之不足。因爲經濟發達，糾紛自然增加，自然必須因時調整。例如，從宋太祖到宋理宗的二百八十年間，共編敕二二一〇部以上，這說明了宋朝編敕的頻繁，其中尤以宋神宗時間最多，共編敕八十五部，四千三百八十一卷，占總數百分之四十。這一方面反映宋神宗時期變法與編敕的關係，同時也說明了社會與法律之間互動的頻繁[39]。從編敕數量的增加，一方面可以質疑韋伯所言，另一方面也可得知宋朝絕非是一個無訟的社會，恰好相反，因爲糾紛增加、訴訟增加，爲解決爭端必須在「律」之外新增許多「敕」來因應變動不居、日益複雜的社會。

「表達」不等於「實踐」的第三個例子，關於儒家思想的「表達」與現實生活中的具體「實踐」。吳漢東、王毅認爲中國社會在儒家思想支配下，印刷業不可能發達，因爲作品多爲教化和維繫人際關係、社會秩序爲目的，所以不可能在坊間有大量的書籍流通。然而，這依舊是知識份子的「表達」對理想社會——階級分明、秩序井然的社會——的描繪[40]。實際的情形，或者說老百姓的「實踐」是這樣的：自宋代起，坊刻本即已興盛。換句話說，在印刷業的發展上，「表達」與「實踐」還是不能等同。事實上，自宋以來坊本即已普遍，元代利潤豐厚，明代則有更多出版印刷商加入市場逐利。宋代刻書種數，據估計「當有數萬部」……「明代任何時候存在的印刷書籍要多於世界其他地方存在的同期印刷書籍的總和」……「估計明代刻書的總數爲三萬五千種左右[41]」。

第四個例子則可以從義務觀教化下的知識份子對於追求自身現實利益的「表達」上看出端倪。在義務觀教化下的知識份子雖然恥於談利，然而，在現實生活中，讀書人爲自利而與人爭執者同樣不在少數，只是，這樣的行爲恐怕爲社會所不容，是故，士人遂將其私利與公益作結合以隱藏其追求私利之意圖。在經濟發達、教育普及、印刷業有利可圖的南宋時期，貢士羅樾刊印段昌武《從桂毛詩集解》前有行在國子監禁止翻版的公文：「行在國子監據迪功郎新贛州會昌縣丞段維清狀，維清先叔朝奉昌武，以《詩經》而兩魁秋貢，以累舉而掙第春宮，學者咸宗師之……先叔以毛氏詩口講指劃篝以成編……名曰《從桂毛詩集解》。……維清竊惟先叔刻志窮經、平生精力畢於此書，儻或其他書肆嗜利翻板，則必竄易首尾增損音義，非惟有辜羅貢士鋟梓之意，亦重爲先叔明經之玷……」[42]。

在這個例子裡，與本文有關的重點在於，身處義務觀教化下「恥言談利」的氛圍，雖說君子不言利，但遇到了利益受到侵害時又該如何應對呢？此時，只得將其私利連結到王國之公益，就如段維清所解釋：「儻或其他書肆嗜利翻板，則必竄易首尾增損音義，非惟有辜羅貢士鋟梓之意，亦重爲先叔明經之玷」，「明經」即爲王國之公共利益。在此，我們發現讀書人用一種極爲婉轉的方式來爭取自己的利益——將之包裝於「公益」底下，雖然不易察覺，但其脈絡似乎清晰可見[43]。簡言之，空泛的義務觀在這個實例證明之下，讓知識份子追求私利的舉措無所遁形。「重義輕利」是社會對讀書人的期待，同時也是讀書人在眾目睽睽下的「表達」，然而一旦涉及利益時，讀書人的「實踐」未必符合社會對他們的期待。

接下來的例證，或許可以視爲另一個「表達」與「實踐」存在著差異的證據。雖然傳統上中國是一個不講權利的社會，然而，日本學者寺田浩明認爲傳統中國的地方官員並沒有「權利」意識，但早已經擁有近代型「依法保護權利」的實質內容，這樣的實質內容甚至可以向前推進到在清末民初與西洋法律接觸的許久以前。他進一步指出：「作爲這種自生的『實踐』發展結果，〔於是〕就出現了中華民國時期民事法律制度[44]」。筆者認爲，寺田浩明的論點有其參考價值：第一，因爲中國是個義務觀的社會，雖然地方官員沒有「權利」意識，但卻有了依法保護權利的實質內容，這正是前述的「義務觀下的權利行使」之展現，其主要的行使方式（除了教化之外）是懲罰侵犯他人權利者來達到保護受侵犯者；第二，雖無權利觀念，但做錯事的人應該被懲罰，就效果而言，這樣的懲罰間接保護了財產所有人的「權利」，也因此才產生寺田浩明所言，中國在很久以前就有了一套類似於近代西方民事的規範。

「實踐歷史」的研究思維

在〈中國法律的『實踐歷史』研究〉一文中，黃宗智教授引用韋伯的論點，他說：「正如韋伯指出的，西方現代法律和其他法律不同之處，主要是因爲它的『形式理性』。

他認爲，西方現代大陸形式主義……要求所有的法庭判決都必須通過『法律的邏輯』，從權利原則推導出來。『每個具體的司法判決』都應當是『一個抽象的法律前提向一個具體的『事實情形』的適用』；而且，『借助於法律邏輯體系，任何具體案件的判決都必定可以從抽象的法律前提推導出來[45]』」。對韋伯而言，形式理性的法律是西方法律體系所獨有，並且更重要的，資本主義發展必須要建立可預測的法律體系之上[46]。這種可預測的法律體系唯有在西方社會才找得到。

黃宗智教授研究了清代法律（或者可以再往前推數百年前的法律體系），他以人類學的研究方式分析訴訟檔案，他發現清代的法律從來沒有嘗試從具體的案例中抽象出普遍而有效的法律原則，「它似乎假定相反，它似乎假定只有與實際司法實踐相結合，抽象原則才可能得到闡明，才具有眞正的意義和適用性」。亦即，不像歐洲大陸形式主義民法，反而較像是英國的普通法，清代法律「堅持整個體系必須紮根於以解決實際問題爲本的各種實際情況規定之中[47]」，簡言之，不像西方法律那樣在抽象層次中找到獨立於具體事件的普遍原則，中國法律則是試圖將抽象概念鑲嵌於具體事件中[48]。筆者認爲，佐以前述寺田浩明依法保護權利的「效果論」，即使地方官員無「權利」之概念，這種「實踐歷史」研究思維對中國法律體系的理解有一定的幫助。

日本學者松田惠美子認爲，或許「和諧」才是法律應該追求的目標，而非維護個人權利。她認為現代社會的問題之一就是主張「權利」經常引起維護「權利」之間的齟齬。或許我們應該追求的是人和人之間新的和諧方法，並思考為求達致免使「權利」過度衝突，法律到底應該扮演何種角色[49]。西方形式主義法律由抽象的權利原則出發，並要求這個原則得以適用在所有的事實情況，於是造成必爭對錯的「對抗性」法律訴訟制度，其缺點則是高昂的訴訟費用與頻繁的訴訟次數[50]，中國在改革開放之後，不正為訴訟案件過多所苦嗎？筆者覺得，如果「和諧」的社會才是人們普遍之所欲，那麼中國自古以來於民間細事糾紛的調解方式[51]，或許應該在當今的糾紛解決機制中扮演更重要的角色。

中國知識產權保護之進步性

現今的知識產權保護涵蓋的範圍較廣，包括了專利、著作權、商標、地理標示等，中古世紀知識產權中的專利保護或許可回溯到十五世紀的威尼斯，但中國早在十一世紀時即開始保護印刷商之出版權利。更重要的是，如果只是保護少數的個人而非（印刷）產業的話，其重要性、所牽涉的經濟利益將大為減低。並且在某個程度上，學者可能習慣用現在的標準來對待過去，那麼，當代的知識產權保護的絕非保護個人而是跨國公司利益、甚至是產業利益[52]。若是如此，我們不妨將十二世紀時南宋蓬勃的活字印刷出版業提升到「產業」的層級來加以審視，因爲在活字印刷出現之前，書籍尚無法大量印製，因此討論著作權的意義不大【53】。

中國傳統法律體系內，並不區分民刑事，但案件有輕重的差別，所以不難想像，除了命盜重案之外，其他的案件都屬細事。雖然乍看之下，知識產權（著作權）不在戶婚田土錢債之列，但知識產權保護不像是是官府必須解決的重案。既然知識產「權」應屬於細事，且居中協調者雖是高德性者，然而這些人恐怕沒有太多知識產權保護的觀念，那麼，告官似乎是不得不的選擇了。此時，申告於官府後所留下的官方文件，就變得十分重要了。

南宋的印刷產業

中國版權的觀念何時萌芽或許是個重要議題，但吾人認爲經濟利益是否已具備足夠的重要性，端視印刷出版事業是否足以稱爲一個「產業」。在宋朝的活字印刷術發明之後，製版、付梓比起以前相對容易許多，因此這時討論保護知識產權（著作權）將更有意義。李琛曾經這樣解釋，大約在十八世紀時隨著歐洲的工業化，人類創造的成果開始有了新的利益，也就是產業利益。近代的生產方式與古代不同，前者必須「有意識地」在生產過程中引入新技術，在這樣的需要之前，知識產權的保護才有意義。筆者認爲，李琛將產業利益引入他的討論中是合理的，因爲現今知識產業的保護，的確是先進國家爲了保護自身產業利益，而要求所有國家都服從這樣的遊戲規則[54]。

在此，首先我們檢視宋代的印刷業是否足以被稱之爲「產業」。根據錢存訓的研究指出，在九、十世紀時，印刷品之複印數量已相當可觀，宋代在全國各地書業以及印刷中心計有北宋首都開封、杭州，以坊刻本著名的建安和建陽（福建），以及到了明代仍是文化重鎮的眉山（四川）。他更進一步指出，宋代是中國學術發展的重要時期，各類學科包括了經、理、史、文、考古、美術，與科技等，並且，宋代公、私學校之設立，在十二世紀時，舉人有二十萬，十三世紀時更是高達四十萬，知識份子的數量十分可觀。另外，儒學的勃興，宋代理學支配中國社會長達六、七百年之久，這與印刷術的發達離不開關係[55]。

宋代的官刻本、家刻本（又稱私刻本）和坊刻本組成當時雕版三種刻本印刷的網絡，三種刻本都有各自的特點，並且在不同的層面上發揮其作用，這使得雕版印刷走上空前繁榮的階段。鄭成思指出：「官刻本財力雄厚，不惜工本，精美大方；家刻本仔細認眞，校勘精到；坊刻本爲降低成本，行字緊密，爲追求速度，校勘較差。」爲了保護官刻本《九經》監本，北宋時有「禁擅鐫」之規定，也就是禁止一般人隨便刻印，必須事先得到國子監的批准方得爲之。實際上，這可說是國子監對《九經》監本的「專有權」。至於坊刻本，則可說是百花齊放，儘可能滿足市場之需求[56]。

Ming-Sun Poon（潘銘燊）認爲自北宋末期，印刷業開始興盛，南宋（一一二七～一二七九）共設十五府，全國共一百七十三個地點有印刷業之蹤跡，以臨安（杭州）、建安最爲重要。概據葉德輝的《書林清話》指出，南宋至少有五十家以上的商業性印刷業者，與現代相似，當時更需要與其他業者相互區隔開來，使用牌記（colophon）可以達到這個目的，既能避免競爭，也會收到廣告效果，尤其對於商業性印刷業者而言，幾乎可篤定的是，第一個使用牌記的出版商必定是以營利爲重的商業性印刷業者[57]。坊刻本大都署有書商字號，像是某某書堂、書鋪、經籍鋪、書籍鋪等，「其出版的主要目的在於營利……在今天的四川、安徽、江蘇、浙江和洛陽等地興起。至宋以降，在汴梁、臨安、建陽、崇化、麻沙等地，此類出版商不但很多，有的專門接受委託，刻印和售賣書籍，其至集撰、出版、發行於一坊一肆……全國規模的科舉考試、遍布全國的私塾等。對出版業的大量需求，使得刻書成爲有利可圖的行業[58]」，由此可見宋代出版業可謂蓬勃發展，至明代營利出版商的坊刻本種類很廣，大致包括醫書、類書、科舉用書、狀元策、翰林院館課、八股文、小說戲曲等書籍，有學者將之大致分成「民間日用參考實用之書」、「科舉應試之書」以及「通俗文學之書」三大類[59]。學者指出「明清刻書數量，遠遠超過宋代。宋代刻書種數，張秀民估計『當有數萬部』……『明代任何時候存在的印刷書籍要多於世界其他地方存在的同期印刷書籍的總和』……『估計明代刻書的總數爲三萬五千種左右』[60]」。

關於中國傳統法律體系中是否存在知識產權保護，一個最理想的「負面問題」之提問，莫過於李琛所撰之文章〈關於「中國古代因何無版權」研究的幾點反思〉[61]。他認爲，「中國古代因何無版權」是個僞問題，他認爲知識產權必然屬於近代範疇，因爲知識產權法的主要功能在於鼓勵創造[62]，而這就讓人們可以任意選擇和創造有關的隻字片語，進而將之視爲知識產權的「萌芽」。是故，他反對把古人對剽竊的譴責或制止解讀爲版權意識、或版權保護。但爲何知識權利只能是近代的產物呢？總之，李琛認爲討論知識產權的保護必須在十八世紀左右當歐洲開始現代化之後才有意義。筆者以爲，李琛的這種說法或許可以稱爲另一個西方所建構的知識體系下之產物。

宋代版權保護之具體作為

以下的證據清楚地說明自北宋起，中國即有了版權保護的法令。

古時，翻版（板）即盜印。《書林清話》卷二有「翻板有例禁始於宋人」的條目，「北宋哲宗紹聖二年（一〇九五）正月廿一日，『刑部言，諸習學刑法人，合用敕令式等，許召官委保，納紙墨工眞（具？），赴部陳狀印給，詐冒者論如盜印法。從之[63]』」。雖然盜印法的內容仍需推敲，但此史料證明早在北宋時期就有盜印法。現存史料當中，有三個案例可證明中國古代已有版權保護的法令。但在中國傳統法律體系裡，被侵害者並無權要求保護，而是受到侵害於調解不成之後，再藉由要求官府懲罰侵害者，使自身的財產及相關權利受到保障。

第一個案例是，葉德輝《書林清話》及清代大藏書家陸心源《皕宋樓藏書》、丁丙《善本書藏志》均有記載的眉山程舍人宅刊本《東都事略》之牌記上所寫：「眉山程舍人宅刊行，已申上司，不許覆板」，意思就是今日的「版權所有，不准翻印」。據《中國印刷史》記爲南宋紹熙（一一九〇～一一九四）年間刊印，此牌記恐怕是最早的版權保護施行記錄[64]。不過，部分學者以其他理由主張《東都事略》的牌記還不能成爲知識產權業已存在的證據。這樣的論點，筆者不能苟同，因爲中國是個講求義務的社會，權利意識並不存在，即使遭受到侵害，也不可能稱之爲其「權利」受損（被侵權），而會以有別於西方的手段來保護受害者的「權利」，這通常是藉由處罰侵害者的間接方式來保護受侵害者的「權利」。因此無論如何，即使著作「權」已經存在，在當時的社會中並不具有任何知識產「權」的概念，但實務運作上卻能達到實質的保護效果。

第二，我們先前所提，也就是將南宋的印刷業視爲產業，學者認爲只有在已經成爲「產業」之時，討論知識產權才有意義，筆者同意這種說法。也就是在產業競爭的態勢底下，出版業者爲求保護自身利益，同時也維護其印刷之品質而使用牌記讓讀者更容易選擇。另外，雖然目前並沒有文件可以證明，然而產業的競爭者之間會互相學習（仿造），因此牌記「已申上司，不許覆板」的印刷業者想必是受到提告者與官府之作爲而競相學習此種著作「權」保護的作法。簡言之，筆者以爲，牌記的使用只可能發生在有利可圖且競爭激烈市場上，也惟獨如此才有使用牌記的必要性。

另外，潘文娣、張風杰則以西方的「權利」觀來審視中國傳統知識產權的保護，他們認爲《東京〔都〕事略》的牌記仍不可將之視爲「版權」，主要是因爲沒有前置權利的合法性基礎。換句話說，該書作者的版權尚未由國家賦予或者認可[65]。不過，要想在「義務觀」的中國社會裡面發現西方的「權利」，這無異緣木求魚？當然以西方權利觀來檢視中國知識產「權」保護的學者不乏其人，吳漢東提出一個「負面問題」，他認爲中國早在十二世紀即有著作權的「萌芽」，但何以無法結出「作者個人權利」的果實[66]？可是，中國不是一個凡事都講「義務」的社會嗎？此外，在評論William P. Alford的著作*To Steal A Book Is An Elegant offense: Intellectual Property Law in Chinese Civilization*（《偷書不算偷：中華文明中的知識財產法》）[67]一書時，李亞虹也提出類似的問題：爲什麼古代中國不存在本土的知識產權制度[68]？當然，既提出這樣一個負面的問題之後，接下來想必要「篩選」出一些中國不利於發展出「先進的」產權制度，來呼應中國「落後的」環境。事實上，中國早已有了本土的知識產權制度——是一種義務觀下的權利行使，雖然或許不易被發現，但它卻眞實地存在。

第二個案例是南宋末年由政府發布之公告，此案例發生在福建最大的書市建安，在祝穆編刊《方輿勝覽》自序中有如下記載：「兩浙史轉運司錄白，據祝太傅宅干人吳吉狀，本宅見雕諸郡志，名曰《方輿勝覽》及《四六寶苑》兩書，並係本宅進士私自編輯，數載辛勤。今來雕板，所費浩瀚，竊恐書市嗜利之徒，輒將上件書板翻開，或改換名目，或以《節略輿地勝紀》等書爲名，翻開攙奪，致本宅徒勞心力，枉費錢本，委實切害，照得雕書，合經使台申明，乞行約束，庶絕翻版之患。乞榜下衢、婺州雕書籍處，張掛曉示，如有此色，容本宅陳告，乞追人毀板，斷治施行……福建路轉運司狀，乞給榜約束所屬，不得翻開上件書板，並同前式，更不再錄白」[69]。這份於一二六六年由政府發布，具有法律效力的公告，證明版權觀念在中國已經形成了。其中「竊恐書市嗜利之徒，輒將上件書板翻開，或改換名目……翻開攙奪，致本宅徒勞心力，枉費錢本，委實切害」、提及了作者爲《方輿勝覽》已耗費巨大心力與雕版的成本，並且，如果任由他人隨意翻刻的話，可能造成該書原意受到竄改。

關於傳統中國法律中對於知識產權的保護的第三個案例，也就是貢士羅樾刊印段昌武《從桂毛詩集解》，我們曾經在本章先前解釋「表達」與「實踐」二者未必相同的實例中提及，故僅引用國子監禁止翻版的公文中之一部，該公文說：「行在國子監據迪功郎新贛州會昌縣丞段維清狀，維清先叔朝奉昌武……先叔以毛氏詩口講指劃箋以成編……名曰《從桂毛詩集解》。獨羅氏得其繕本，校讎最爲精密……維清竊惟先叔刻志窮經……儻或其他書肆嗜利翻板，則必竄易首尾增損音義……亦重爲先叔明經之玷……除已備牒兩浙路、福建路運司備詞約束所屬書肆……如有不遵約束違戾之人……追板劈毀，斷罪施行……淳祐八年七月（空一格）日給[70]」。

在這個案例中，至少有三個觀點值得我們注意。第一，這是身爲姪兒的段維清爲其已逝之叔父段昌武的權利向官府請求保護，係屬繼承權的部分。簡言之，此「公據」涉及版權的繼承。誠如潘銘燊所言：「在這個南宋的例子裡面，版權的繼承是自動的，無須作者生前指定或授權，完全地把著作看成是可繼承財產的一種。第二，申請人段維清至少在表面上是維護其先叔的著作人格權而站出來的。如現代版權法習慣中，作者死後，如有侵害作者精神權利的行爲，例如『竄首易尾，增損音義』等輩，得由繼承人請求除去這些侵害[71]」。第三，雖說君子不言利，但假使利益受到侵害時又該如何呢？只得將其私利連結到王國之公益，例如「儻或其他書肆嗜利翻板，則必竄易首尾增損音義，非惟有辜羅貢士鋟梓之意，亦重爲先叔明經之玷」，「明經」即爲王國之公共利益，段維清以公益包裝其（可能）繼承之私人利益。

西方知識體系之「優越性」？

過去，我們似乎過度美化西方知識體系的優越性。接下來，首先我們討論西方的「權利觀」是否在一開始時就存在西方人的思維之中，人民是否具有「權利」意識能否被當成是進步的指標。第二，引用清朝司法監督的機制，來說明傳統中國法律的進步性，這在韋伯及其追隨者的思維當中是難以想像的。第三，過去向來被認為只有在西方才可能找到的，在東方的中國也能發現，並且中、西方在版權的保護上有其相似性，這也間接說明西方社會的「獨特性」是令人懷疑的。

過度美化的西方權利觀

或許一直以來過度讚美西方財產權的「優越性」了。打從一開始，西方一切都準備好了，而忘記向來歷史都是緩慢地前進。一言以蔽之，早期的羅馬法與普通法同樣都沒有所有權的概念。鄧建鵬這麼說：「在近代早期的英格蘭，財產權意味著『獨立、責任與自由』，財產權不僅讓人不依賴他人，而且是對抗專制政權的核心。在洛克眼中，財產權是憲政的基石，不經表決徵稅違反了財產權的基本法則[72]」。是故，在一個財產權扮演消極角色的中國社會，在一個地方官員用「教喻」、「（道德）感化」的方式來維持社會秩序的國度，人民難以產生「權利」意識似乎有道理。

西方的「所有權」概念也有其發展的歷史脈絡。鄧建鵬繼續談到：「在早期羅馬法中，並沒有所有權這一概念，所有權是後世羅馬法注釋家對之進行概括的結果……與此有些相似，普通法本身就是一種從司法實踐中發展起來的法律體系，缺乏對權利理論體系化的追求，不存在所有權這樣的概念。如英國普通法學者密爾松所言，『在英國中世紀土地權利中也沒有所有權……在普通法中沒有必要，同時也沒有餘地容納像所有權這樣的抽象概念，各種權利均取決於對其領地具有完全控制權的領主。』普通法是救濟的法，而不是權利的法」。從以上的敘述中可以看出，西方權利的觀念被過度地美化了，即便是「進步的」英國普通法，同樣沒有「所有權」抽象概念。目前的知識體系卻不斷地試圖說明，惟有透過保護個人權利，才可能是最進步的法律制度，這讓學者忘記了傳統中國以「和諧」為準則的民間「調停」，其實才是一種成本相對較低且有效的糾紛解決機制。

至少就世界歷史的同一時期而論，比起其他文明，中國的訴訟制度亦可稱之爲進步，但爲何一談論到西方的「進步」，東方（中國）就非得是「落後」、「停滯」呢？這還是與學者普遍接受了西方社會爲東方量身訂作的知識體系有關。然而，歷史經驗還告訴我們什麼呢？

進步的中國傳統法律

除了前述宋代法律中詳細地規定了驗屍的組織、人員、案件之範圍、明確的分工，以及符合程序正義的規定之外，我們還可以從明、清政府爲維護成文法典執行的效力與彈性，予以修正，來因應時代變遷。根據學者邱澎生的研究，上級政府有兩種主要的手段來監督下級或地方的司法單位，第一種是判決書「審轉」制度，它涵蓋了全國司法體系內部的層級組織，在上級機關對下級司法單位的判決書內容加以查察，透過這樣的制度來達到法律的一致性和公平性；第二種是既有的「成案」制度之改良，爲因應社會變動，由中央刑部等官員定期進行討論，藉此來對「律」進行修改或加以補充，每當皇帝裁決以後，即成爲通從全國的「例」[73]。在整個清朝的二百六十八年間，就常以這種方式來因應社會變遷，從第一任皇帝（一六四四～一六六一）開始的四百四十九條，增加到一七二五年的八百二十四條，到一七四〇年的一千零四十九條，一七六一年的一千四百五十六條，一八七〇年達到最高點，一共增修了一千八百九十二條[74]。以上述兩種方式來增加人民於法律執行公平性之信任，這樣的制度即使仍然不夠完美，但至少不應該以「停滯」來形容之。

若以西方權利觀來檢視中國傳統法律時，我們會看到什麼圖像呢？中國法律重刑法、不重民法、諸法合體、行政司法不分、人民不能請求政府保障其權利等，這是建立在西方爲東方社會建構的知識體系，建立在西方社會的獨特性與優越性。然而，歷史證據告訴我們，中國傳統法律體系能有效地排難解紛。簡言之，日常生活中的細事由民間自行解決，官府以審斷重案爲主，用的是成文法的絕對刑主義。中國傳統上強調義務的社會，在這樣的社會中，雖然不以權利的保護爲爭端解決的機制，但以懲罰侵害者的方式間接地保護當事人的適當「權利」，以效果而論，並無不同。

中西版權保護之相似性

在此我們不妨將中西版權做個簡略的比較。首先，在中國這個講究義務的社會裡，印刷業者想出了將其與王朝利益連結，透過此種方式來隱藏保護私人利益之目的。不過，這種作法並非中國所獨有，私利的追求與不讓別人知道自己在追求私利，可能是人類的天性。十七世紀末的英國的《安娜法案》（Statute of Anne）在追求其法律效力的過程中——與中國古代版權相同——出版商（或/與作者）「不再聲稱自己的利潤受損，而是將作者與讀者的利益推向前台。從一七〇六年開始，英國出版商就向議會提出請願書，聲稱若不能保障其獲得一種易於實施的財產權法案的話，作者就不會再撰寫新的作品。經過三年密集的立法遊說，在一七〇九年，世界上第一部著作權法終於誕生，這就是《安娜法案》（Statute of Anne），亦即『在所規定的時間內將已印刷圖書的複製件授予作者或者該複製件購買者以鼓勵學術之法律』……。這部制定法極大地改變了作者、出版商與讀者之間在權利上的配置[75]。」簡言之，安娜法案將文學的財產權與出版商之壟斷權加以分離，釋放出一個文學和思想的自由市場，但我們不能忘記，出版商爲的不是公益，而是私利。

第二，如同鄭成思所言，《安娜法案》之所以被認爲是世界上第一部成文的版權法，其主要原因是該法案將保護出版商擴展到了保護作者。這樣的情形同樣也發生在中國，上述第三個案例，即《從桂毛詩集解》的刻印者將其叔父投入大量心力（與成本）當作要求官府禁止翻版的理由。在該禁令中，受保護主體已擴及了作者（及其繼承人）[76]」。以上兩點，約略可以看出中西版權的發展似乎並無二致。若再加上版權保護一開始並未普遍化，似乎中西也有共通之處。另外，產業利益這個因素在知識產權保護制度中，並非僅爲當代政府的考量，在過去歷史中也同樣發生過。凡此種種，似乎在告訴我們中西版權的發展史擁有不少的相似性，而非總是以東方的「無」來配合西方的「有」。

真相必須還原

中國傳統法律在西方建構的知識體系下長期受到曲解，百年來誤導了許多非西方知識份子，筆者認爲部分原因必須歸咎於學者對於西方所建構的知識體系缺乏批判能力，過度相信西方知識體系、法律體系的優越性。

相信中國古代的人民，也與居住其他地區的人民一樣，會爲了護衛個人利益而奮鬥，此時糾紛就在所難免，即使沒有一部成文法典來處理古代官員所認爲的「細事」，但糾紛還是得解決。如前所述，從宋朝開始，民間細事即以社區、家族的和諧爲基準，企圖達成當事人之間的妥協，最終達到解決爭端之目的，這是既有效且低成本的治理方式，與西方社會明顯不同。在義務觀的權利行使上，必須藉由處罰侵犯他人權利者，間接保護受害者的權利，這似乎是一個義務觀社會極合理的選擇。然而，在西方社會知識體系的建構之下，中國傳統法律的進步性長期遭到曲解，至今知識份子似乎依然受限於西方的知識體系的論述，堅信西方社會所「發現」中國傳統的法律所承載著的「停滯性」。

眞相必須還原。

◆注 解◆

〔1〕本文原稿「義務觀下的權利行使：兼論中國傳統法律知識產權之保護」曾發表於二〇一四年第五屆人大—輔大教師交流討論會，作者感謝評論人儲卉娟之建議。對於*International Critical Thought*匿名評審們所給予的寶貴意見，在此一併致謝。

〔2〕Barry Nicholas，黃風譯，《羅馬法概論》，（北京：法律出版社，二〇〇四）。

〔3〕Ho-Fung Hung, "Orientalist knowledge and Social Theory: China and the European Conceptions of East-West Differences from 1600-1900," *Sociological Theory*, 21: 3 (September, 2003), pp. 254-280.

〔4〕不過，說也奇怪，英國似乎是全球資本主義最發達的國家，這樣說，反對的人應該不多。然而，英國的普通法並非韋伯心目中所讚賞的、完美的，具形式理性的法律體系。韋伯給我們的解釋是，因為英國有完整的法學教育機構。不過，這又引發另一個問題。傳統中國雖然行政立法不分，但民間的訟師與官方的幕友在司法審判的互動之中，對於中國傳統法律的訓練有一定之助益。韋伯可能不太清楚中國的這種制度設計，所以，應該也難以比較英國的「完整」的法律教育比起中國到底有哪些優勢。

〔5〕吾人認為傳統中國早已充分地保護外國人的人身與財產權。在清朝有個案例，在廣州十三行時期，美國人William C. Hunter是鴉片戰爭以前廣州僅有的幾個懂中文的外國人之一。在一八二五年時，他年僅十三歲到了中國，在他退休後定居法國之前，大多數的時間都待在中國。雖然在中國做生意對外國人仍有些限制，但是，他對於廣州當局對外國人的保護不遺餘力，當地政府有許多措施「都使我們形成一種對人身和財產的絕對安全感」。請參閱William C. Hunter之《阿兜仔在廣州》（台北：台灣書局，二〇一〇），序言，第三頁。

〔6〕Ho-Fung Hung, "Orientalist knowledge and Social Theory."

〔7〕石川英昭，張中秋譯，〈中國法的思想基礎〉，張中秋編，《中國法律形象的一面——外國人眼中的中國法》，（北京：中國政法大學出版社，二〇一二），第二六~四四頁。

〔8〕Karen L. Turner（高道蘊），〈導言〉，高道蘊、高鴻鈞、賀衛方編，《美國學者論中國法律傳統》，（增訂版），（北京：清華大學出版社，二〇〇四），頁一~十一，第九~十頁。引自尤陳俊，〈『新法律史』如

何可能——美國的中國法律史研究新動向及其啓示〉，黃宗智、尤陳俊主編，《從訴訟檔案出發：中國的法律、社會與文化》，（北京：法律出版社，二〇〇九），頁四七三～五二四，第四七八頁。

【9】蘇亦工，〈另一重視角——近代以來英美對中國法律文化傳統的研究〉，《環球法律評論》，（春季號，二〇〇三），第七六～八三頁。

【10】黃維幸，《法律與社會理論的批判》，二版，（台北：新學林，二〇〇七）。

【11】黃維幸，《法律與社會理論的批判》，第一五二頁。

【12】認為中國傳統法律體系沒有能力適應社會變遷的學者為數不少，例如陳惠馨便指出「當傳統中國這套法律體系背後所追求三綱五倫價值為時代的變遷，或因為其他的選擇可能出現而受到挑戰時，竟然失去了回應與修改的能力，進而轉變成為看似無用或無效果的法律體系」。請參見，陳惠馨，《傳統個人、家庭、婚姻與國家——中國法制史的研究與方法》，二版，（台北：五南圖書，二〇〇七），序言，第八頁。

【13】樊樹志，《明清江南市鎮探微》，（上海：復旦大學出版社，一九八七）。

【14】陳志武、王勇華，〈從中國的經歷看司法改革與資本市場的關係〉，梁治平主編，《國家、市場、社會：當代中國的法律與發展》，（北京：中國政法大學出版社，二〇〇五），頁一九七～二二〇，第一九九頁。同樣的看法可以在不少學者的論述中發現，請參見，例如，李雨峰，〈理性的宰制——帝制中國版權問題的省思〉，法學在線——北大法律信息網，http://article.chinalawinfo.com/ Article_Detail.asp? AtricleId=36339，檢索日期，二〇一三年十月十一日。

【15】John Makdisi, "Legal Logic and Equity in Islamic Law," *The American Journal of Comparative Law*, 33: 1 (Winter, 1985), pp. 63-92, p. 64, 92.

【16】張偉仁，〈中國傳統的司法和法學〉，《現代法學》，第二十八卷第五期，九月，二〇〇六，頁五九～六七，第六〇頁。

【17】郭東旭，《宋代法律與社會》，（北京：人民大學出版社，二〇〇八）。

【18】前揭書，第一二二頁。

【19】前揭書，第一二四～一二五頁。「牒」為宋代官府下級對上級或者同級之間傳送的法律文書。於初檢程序之中，有兩次申牒的規定，一是在檢驗日申牒差官覆檢，二是在檢驗完畢之後，申牒報告檢驗之狀況與結論。

[20] Timothy Brook，李榮泰譯，〈資本主義與中國的近（現）代歷史書寫〉，Timothy Brook與Gregory Blue主編，《中國與歷史資本主義：漢學知識的系譜學》，（台北：巨流圖書公司，二〇〇四），第一四七～二一七頁。

[21] 梁治平，〈法治：社會轉型時期的制度建構——對中國法律現代化運動的一個內在觀察〉，梁治平編，《法治在中國：制度、話語與實踐》，（北京：中國政法大學出版社，二〇〇二），第八四～一五三頁。

[22] Jack A. Goldstone, "The Rise of the West—or Not? A Revision to Socio-economic History, " *Sociological Theory*, 18: 2 (July, 2000), pp. 175-194.

[23] Goldstone, "The Rise of the West—or Not?"

[24] James Lee and Feng Wang, "Malthusian Models and Chinese Realities: The Chinese Demographic System 1700-2000," *Population and Development Review*, 25 (1999), pp. 33-65.

[25] Timothy Brook（卜正民），〈資本主義與中國的近（現）代歷史書寫〉，第一五二頁。

[26] 經君健，《經君健選集》，（北京：中國社會科學出版社，二〇一一），第一四〇頁。

[27] 陳惠馨，《傳統個人、家庭、婚姻與國家—中國法制史的研究與方法》，二版，（台北：五南圖書，二〇〇七），第一四～一五頁。

[28] 梁治平，《尋求自然秩序中的和諧》，第三、一〇三、一七一頁。

[29] 鄧建鵬，《財產權利的貧困：中國傳統民事法研究》，（北京：法律出版社，二〇〇六），第二九～三〇頁。

[30] Huang, *Chinese Civil Justice, Past and Present,* p. 22.

[31] 《大明律集解附例．刑律．雜犯》，引自梁治平，《尋求自然秩序中的和諧：中國傳統法律文化研究》，（北京：商務印書館，二〇一三），第二三六頁。

[32] 《大清律例．刑律．訴訟》，引自梁治平，《尋求自然秩序中的和諧》，第二三六頁。

[33] 梁治平，《尋求自然秩序中的和諧》，第二三六頁。

[34] 這個次標題「表達與實踐」，筆者借用學者黃宗智之《清代的法律、社會、與文化：民法的表達與實踐》（上海：上海書店，二〇〇七）的次標題之一部。

[35] 張維安，《文化與經濟：韋伯社會學研究》，（台北：巨流圖書公司，一九九五）。

[36] 前揭書，第一二七頁。

[37] Huang, *Chinese Civil Justice, Past and Present.* p. 9.

[38] 郭星華，〈無訟、厭訟與抑訟—中國傳統訴訟文化探析〉，本論文發表於第四屆人大—輔大社會科學院教師交流，時間：二〇一三年十月一～二日，地點：輔仁大學濟時樓九樓國際會議廳，第十頁。

[39] 郭東旭，《宋代法律與社會》。

[40] 吳漢東、王毅，〈中國傳統文化與著作權制度略論〉，《法學研究》，一九九四，第四期。

[41] 劉天振，《明清江南城市商業出版與傳播》，（北京：中國社會科學出版社，二〇一一），第六三頁。

[42] 引自葉坦，〈宋代的印刷事業與版權保護〉，第一六二頁，註二〇。《書林清話》卷二錄此文。

[43] 謝宏仁，〈停滯的東方？兼論中國傳統法律體系下知識產權保護之進步性〉，《社會學評論》（北京），二〇一五，（即將出版）。

[44] 寺田浩明，潘健譯，〈清代民事審判與西歐近代型的法秩序〉，張中秋編，《中國法律形象的一面——外國人眼中的中國法》，（北京：中國政法大學出版社，二〇一二），頁二一四～二二四，第二一五頁。

[45] Max Weber, *Economy and Society: An Outline of Interpretive Sociology*, Vol. 2. Berkeley: University of California Press, 1978[1968]: 657); 黃宗智，〈中國法律的實踐歷史研究〉，黃宗智、尤陳俊主編，《從訴訟檔案出發：中國的法律、社會與文化》，（北京：法律出版社，二〇〇九），第十二～十三頁。

[46] Robert M. Marsh, "Weber's Misunderstanding of Traditional Chinese Law," *American Journal of Sociology*, 106: 2 (September, 2000), 281-302.

[47] 黃宗智，〈中國法律的實踐歷史研究〉，第十三頁。

[48] Huang, *Chinese Civil Justice, Past and Present*, p. 8.

[49] 松田惠美子，〈日本的法制史研究之課題〉，《法制史研究》，創刊號（十二月，二〇〇〇），頁三〇七～三一六，第三一一頁。

[50] 黃宗智，〈中國法律的實踐歷史研究〉，頁三～三一，第二四頁。

[51] 調解制度的長處也不宜過度強調，事實上，中國土地廣大且人口眾多，官衙資源相對有限，將細事委諸宗族

耆老似乎也有充分之理由。不過，雖然該制度適合中國國情，然而，有時也可能因為某些緣故而失去公正性，例如，參與調停之一方因為其在鄉里之地位，經常會以壓制性權威凌駕於民眾之上，在所謂的「和諧」精神的背景之下，為息事寧人而失去公正性的情形也會發生。綜言之，調停制度固然有其益處，但也不能忽視其短處。

[52] Sell, *Private Power, Public Law: The Globalization of Intellectual Property Rights* (Cambridge: Cambridge University Press, 2003).

[53] 鄭成思，〈中外印刷出版與版權概念的沿革〉，中國版權研究會編《版權研究文選》，（北京：商務印書館，一九九五），第一〇八～一二一頁。

[54] 李琛，〈關於「中國古代因何無版權」〉：Sell, *Private Power, Public Law*; Christopher May, *The Global Political Economy of Intellectual Property Rights*(London and New York: Routledge, 2000).

[55] 錢存訓，〈印刷術在中國傳統文化中的功能〉，《漢學研究》，第八卷第二期，十二月，一九九〇，頁二三七～二五〇，第二四三～二四五頁。

[56] 鄭成思，〈中外印刷出版與版權概念的沿革〉，第一一〇頁。

[57] Ming-Sun Poon, "The Printer's Colophon in Sung China," *The Library Quarterly: Information, Community, Policy*, 43: 1 (January, 1973), pp. 39-52, p. 40.

[58] 鄧建鵬，《財產權利的貧困》，第二一七～二一八頁。

[59] 劉國鈞，《中國書史簡編》，鄭如斯訂補，書目文獻出版社，一九九八年版，第八一～八二頁，引自鄧建鵬，《財產權利的貧困》，第二一八頁。

[60] 劉天振，《明清江南城市商業出版與傳播》，（北京：中國社會科學出版社，二〇一一），第六三頁。

[61] 李琛，〈關於「中國古代因何無版權」〉。

[62] 關於知識產權是否真為鼓勵創造，不無疑議，並且此為廿一世紀最重要的議題之一，請詳見Susan K. Sell, *Private Power, Public Law: The Globalization of Intellectual Property Rights* (New York: Cambridge University Press, 2003). Christopher May, *The Global Political Economy of Intellectual Property Rights: the New Enclosures* (London and New York: Routledge, 2010).

[63] 《宋會要輯稿．刑法二》之四〇，引自葉坦，〈宋代的印刷事業與版權保護〉，劉春田主編，《中國知識產權評論》，第三卷，（北京：商務印書館，二〇〇八），頁一五一～一六四，第一六〇頁。本文原載於《中國研究》（東京），一九九六年五月號。

[64] 引自葉坦，〈宋代的印刷事業與版權保護〉，第一六一頁。

[65] 潘文娣、張風杰，〈關於中國版權史溯源的幾點思考〉，《出版發行研究》，十二月，二〇一〇，頁六〇～六三，第六二頁。

[66] 吳漢東，〈關於中國著作權法觀念的歷史思考〉，《法商研究——中南政法學院學報》，第三期，一九九五，頁四四～四九，第四六頁。

[67] 本書另一中文譯名是《竊書為雅罪：中華文化的知識財產法》（北京：法律出版社，二〇一〇）。

[68] 李亞虹，〈西法中移的文化困惑——《偷書不算偷：中華文明中的知識財產法》評介〉，法學在線—北大法律信息網，http://article.chinalawinfo.com/article_print.asp?atricleid=4094，檢索日期：二〇一三年十月十七日，本文原載於《中外法學》，一九九八年第六期。

[69] 引自葉坦，〈宋代的印刷事業與版權保護〉，第一六一～一六二頁。

[70] 引自葉坦，〈宋代的印刷事業與版權保護〉，第一六二頁，註二〇。《書林清話》卷二錄此文。

[71] 潘銘燊，〈中國印刷術的起源〉，《出版發行研究》，一九八九年第六期，引自李明山，《中國古代版權史》，第一四〇頁。

[72] 鄧建鵬，《財產權利的貧困》，第二八頁。

[73] 邱澎生，《當法律遇上經濟》，（台北：五南圖書，二〇〇八），第九五～九六頁。

[74] Robert M. March, "Weber's Misunderstanding of Traditional Chinese Law," *American Journal of Sociology*,106: 2 (September, 2000), pp. 281-302, p. 288.

[75] Goldstein，《著作權之道》，（北京大學出版社，二〇〇八），第三四～三五頁。

[76] 引自鄧建鵬，〈宋代版權問題——兼評鄭成思與安守廉之爭〉。

第三章　發展型國家「理念型」

「囝仔出外、老人無伴、船袂靠岸、鳥仔孤單」

這十六個字引自本書作者謝某多年前爲自己的家鄉所寫的一首台語詩「故鄉沙山（彰化縣芳苑鄉舊名）」當中的一段。此段文字之美，是建築在現實生活裡凋敝的農村，年輕人外出到城市工作，成爲大公司逐利的工具（但自己卻買不起都市裡的房子），農村裡大多是老人，年輕的老人正照顧著年長的老人，因爲台灣在追求經濟成長率的同時，早已將老人遺忘。當然，這並不表示都市中的老人過得好些，因爲農村的居民普遍利用一小塊私有地或灌溉水圳旁的零星土地種植一些日常生活可以食用的蔬果，當物價飛漲時，這些農作物也不無小補，而這簡單的幸福（小確幸），對都市中的老人而言是個奢求。不過，台灣人還算是運氣好的，至少一九九〇年代中期之前發展得還可以，但對於大多數的發展中國家可就沒那麼幸運，偏偏又遇上韋伯的追隨者將「理念型」誤認爲「理論」。所謂的發展型國家「理論」乍聽讓人覺得只要有這樣的政體，這個國家必定能發展起來，這給爲數甚多的南方國家帶來希望。但其實發展型國家「理論」應該正名爲「理念型」，因爲它只是一個想像中的烏托邦而已，地球上根本找不到相對應的事物。

回憶筆者自身的過往總不勝唏噓，回憶起台灣的經濟發展似乎也頗有同感。記得大約在一九九六年時，在修習「發展研究」（Development Studies），該課程的授課老師Ramon Grosfoguel曾經提到台灣是一個無論是在經濟的表現上、政治民主化過程都極爲成功的案例，那時候是一九九〇年代中期，距今二十年。「碰巧地」，打從那時起，台灣的實質薪資成長停滯，甚至倒退了，現在的年輕人在面對物價上漲的壓力下，每個月的起薪居然還比筆者大學畢業時更低，以前，我們稱讚台灣爲亞洲四小龍（之一），但現在卻戲稱爲小貓，雖然貓咪有其可愛的一面。雖然筆者不清楚Grosfoguel老師現在會怎麼看台灣，但台灣年輕人對台灣的將來應該不會有太多的期望。滄海如何變成桑田？但這一切都發生在二十年之間而已。台灣有不少學者在十幾、二十年前用發展型國家「理論」來解釋台灣發展成功的例子。但現在呢？這個發展型國家「理論」是否還能解釋台灣的現況呢？以前，幾乎所有的功勞都是政府的，似乎只消把「國家（政府）」這部機器維護得好，經濟發展就指日可待了。那麼，或許除了日本以外，台灣應該是全球最有經驗的，但何以經濟發展停滯？原因爲何呢？是不是除了政府的超強能力、官僚不爲私利只爲公益而努力之外、政府得以充分運用私部門資源來發揮綜效等能力之外，還有其他應該考量的因素呢？

是不是發展型國家「理論」本身容易產生誤導呢？此理論是否與韋伯最重要的概念工具（之一）「理念型」有關呢？

不過，或許我們眞的沒有理由可以苛責韋伯，因爲他是理念（類）型這個有用的概念工具之開創者，而且，他既沒有、也不可能要他的追隨者誤用這樣的分析工具，更何況，韋伯也的確提醒過我們，在運用理念型時，應該多留意此才是。然而，當韋伯在解釋「新教倫理」與「資本主義精神」之間的「親和關係」時，事實上，似乎韋伯也有誤導我們「親和關係」爲「因果關係」之嫌。因此且讓筆者藉著少許篇幅來解釋，爲何韋伯的說法讓人感到他似乎有意將理念型的「親和關係」與「因果關係」混淆在一起，即便他應該很清楚知道兩者的不同，以及兩者之間的差異爲何？

韋伯將理念型這個概念工具運用在連結新教倫理與資本主義精神兩者之間，並且爲達成理念型的完美性，而找到一個「對應物」——儒教；同時他運用理念型，將之連結於資本主義與西方特有的、進步的法律之形式理性，此時後者的「對應物」就是中國傳統的、落後且停滯的法律，但這點係爲追求理念型的完美性而刪節不符合理念型的歷史事實。稍後本章介紹與理念型有關的發展型國家「理論」，就會看到這個所謂的「理論」事實上應該是「理念型」。爲使該理念型達到完美，地緣政治因素與工業化的過程中難登大雅之堂的「幸運」成分都「不約而同地」被棄之不顧、捨棄不談，這是學者從那些成功案例中找到的「課程」之所以不具有太多說服力的原因。這將產生什麼影響？簡單說，發展型國家「理論」原來只是一個「理念型」而已，若誤將此視爲「理論」，將導致發展中國家相信只要擁有一部良善的國家機器之後，它們的未來就會像是發達國家那樣美好，一切都是可以期待的，且是值得等待的。但事實絕非如此。

本章將討論韋伯及其他學者對理念型的看法、其潛在問題，接著將發展型國家「理論」正名爲發展型國家「理念型」，再其次討論韋伯的文化化約論，最後說明發展型國家「理論」如何誤導人類思維。首先來看學者對理念型的看法。

什麼是「理念型」？

「理念型」可以說是韋伯帶給社會學界最重要的邏輯建構與概念工具（之一）。本節闡釋何爲理念型、其功用爲何、對社會科學方法論之助益，其特徵——包括片面強調、去歷史性與理念型的操作極可能受限於研究者的知識領域與所持之文化價值等。但這些特徵如果運用不當的話，都可能成爲其缺點，成爲其潛在問題。其實，社會學家韋伯正是一位運用理念型不當的學者。首先檢視韋伯本人對理念型的看法，接著再討論蔡錦昌、顧忠華與Walter G. Runciman三人對韋伯理念型的詮釋。

韋伯在《社會科學方法論》一書中，將「理念型」結構定義為：「通過大量擴散的、不連續的或多或少存在並偶爾缺乏的具體個別現象的綜合而產生的一種『片面的強調』……這些具體的個別現象被安排進一個統一的分析性結構。就概念的純潔性而論，這種理想結構在現實中的任何地方都是找不到的」[1]。面對複雜的社會，社會科學的研究者藉由強調一個或一組觀點，可將許多看似無關的個別現象置放於統一的分析構架之中，因為理念型並非從具體的事件中「抽象」而出，所以無可避免地，它帶有若干烏托邦的性質。然而，正因為片面強調的過程中必然會「忽視」某些具體的歷史事實，以求得理念型的完美性。在理想的狀態下，經由理念型與實際經驗的不斷對話，就能期待理念型的純粹性。在這樣一個操作的過程中，研究者可將眾多複雜的社會事件放入分析架構之中，有系統地去解釋一群混沌未明的、看似毫無連貫的實際經驗。此即理念型在某種程度上，確實可以對社會具體事件的複雜性加以「簡化」，讓研究者能更有效地進行分析。

蔡錦昌在詮釋韋伯的「理念類型」（*Idealtypus*）這一概念時，他引用以下韋伯所說的話。韋伯說：「此思維圖像將歷史生活中的某些確定的關係與事件統一成一個自身無矛盾的宇宙之思維關係體。就其內涵而論，此建構本身帶有一個烏托邦的特性，它是透過將某些確定的實質經驗狀況，要素思維地提升起來的方式而獲致的」[2]，但韋伯同時也說：「由於理念（類）型概念原則上是虛構的概念，在實質經驗世界中並無其符應客體存在，所以只能當作一個知識工具來使用，不可將之視爲經驗事實」[3]。前段提到，理念型是通過確定的經驗狀況「要素思維地」提升起來的方式而得致的，此時理念型與實質經驗有關；但後段卻又指出理念型概念原則上是虛構的概念，經驗世界中並無相互呼應的客體存在。顯見，前後兩段話當中似乎存在著不小的矛盾。對於理念型與歷史眞實經驗的關係，蔡錦昌認爲，理念型之所以是個烏托邦，僅僅因爲它不是以「平均」的方式翔實地反映經驗狀況中的事情結構，但這並非表示理念型與歷史眞實經驗完全無關，當然也不可能無關，本書也同意此說法。蔡錦昌繼續解釋：因爲理念型是由片面（單方面）強調一個或數個觀點，據此準則以綜合一堆看似不相關連、散開的、有時出現但有時卻模糊的、具體的個別現象，使之成爲「一個無內在予盾的關係體之統一思維圖像」。更重要的是，由於理念型概念的純粹性並非抽離自實質的經驗內容，而是來自於研究者的知識旨趣及其所抱持的文化價值。蔡錦昌認爲，正因爲如此，就「形式上」言之，作爲思維工具的理念型和作爲實踐模式的「理想」準則間幾乎不分軒輊、毫無差別，而這樣的「無差異」，卻可能更凸顯事實判斷與價值判斷之間的「範疇性斷裂」，這更需科學研究者拿出其「自制力」來[4]。

蔡錦昌教授上述的詮釋重點有以下幾點：第一，理念型僅可視爲一項知識工具，但不能視爲經驗事實。關於這點，韋伯不僅將理念型視爲知識工具，還更進一步將之視爲經驗事實，尤其他居然將東方社會的儒教倫理視爲西方進步的、演進的基督新教倫理之「對應物」。他將中國傳統法律視爲停滯的、落後的體系，而與西方進步的形式合理的法律相對應時，這時韋伯便將「儒教倫理」與「中國傳統法律」視爲理念型，而不想從中國歷史的實際經驗中去找尋答案，在豐富完整的文獻中掘取事實，僅憑少數二手文獻，便推論其自恃完美之「理念型」框架。這裡，筆者必須躬身自省，雖然筆者想避開直接批評韋伯這位大師，但行筆至此恐怕已是「前功」盡棄，不過，更大的失敗應該還在後頭「韋伯的文化化約論」那個小節。

第二，完美的理念型並非從實際經驗中抽離而來，它來自於研究者本身的「知識旨趣」與「文化價值」。因此，理念型除了帶有烏托邦的性質之外，它還可能受到研究人員所持文化價值的影響。換句話說，如果研究者（例如韋伯）抱持「西方中心主義」（Eurocentrism）的視角來觀察其他地區或文明，那麼該理念型或許已達到邏輯上的完美，但在與歷史經驗的對話中，許多具體證據將在帶有價值判斷之「選擇的親和關係[5]」（elective affinity）中被犧牲掉了；第三，蔡錦昌進一步指出，研究者若缺乏「自制力」的話，極可能在事實判斷與價值判斷之間產生難以彌補的「斷裂」。關於這個論點，蔡錦昌所宣稱的「自制力」應指學者在尚未對比較對象的歷史背景具備廣博知識之前，不宜貿然做出與事實不符的價值判斷。倘若如此行，事實判斷與價值判斷之間將產生摩擦，這時理念型也將失去其有效性。當然，如果能善用理念型的話，這將如同韋伯所言，理念型會是一項社會科學研究中有用的知識工具，說實話，這一點倒是筆者極力推崇的。

顧忠華則如此詮釋理念型：「韋伯撰寫《基督新教倫理與資本主義精神》前，曾討論過社會科學方法論的問題，他提出『理念型』（ideal type）的方式構想，用來概括研究者『執簡馭繁』的要領。簡單的說，『理念型』是研究者心目中的一把量尺，他從一個特定的觀點出發，建構出邏輯上首尾一貫且不互相矛盾的『思想圖像』，在這圖像裡，事實的某些特徵被充分顯現出來，另外一些次要的性質則被省略，經過剪裁後的理念型可以用來衡量實際的歷史發展或人們的行動經驗，看是在多大程度上符合理念型的描述，如果有所『偏離』，研究者可立刻去探討這種偏離的原因，或據以修正原來的理念型設計。韋伯的這套想法，看起來不難，但真正運用在研究上時，就得依賴十分廣博的知識和準確的觀點，才能夠建立起經得起考驗的理念型，『資本主義的「精神」』這是其中成功的例子之一」[6]。

本書認為上述這段話有幾個重點。第一，顧忠華所言「執簡馭繁」說出在面對難以理解的世界，研究者可藉由自己心中的「量尺」，在強調某些特徵之後，理念型可以讓研究者更能看清歷史結構與社會行動；第二，在實際操作理念型時，研究者必須具備「廣博的知識」與「準確的觀點」，這是因為理念型與經驗事實之間必須不斷對話，才是使「經得起考驗」的理念型能被建立的先決條件，誠如Hart Kaelble指出：「特別是在比較研究中，對資料的考察絕不能僅限於家鄉本土地區。學者孤獨的書房並非總是比較研究的最佳之地」[7]；第三，理念型並非是一個「停滯」、「定止」的概念工具，相反地，研究者必須經由與經驗持續對話，來修正該理念型。雖然，誠如韋伯所言，理念型只是一項概念工具，但類似於理論建構，理念型必須與實際經驗對話，「才能夠建立起經得起考驗的理念型」。雖然韋伯充分瞭解西方社會歷史、結構與經驗事實，然而他卻忽略掉中國極其豐富的地方志，這使他在操作理念型的過程中失去與歷史對話的空間，進而使其「資本主義精神」等類的理念型難以經得起考驗。換句話說，大抵上韋伯忽略理念型與歷史事實之間的不斷對話，尤其是在他解釋中國資本主義精神的「不存在」，與中國傳統法律的「停滯性」時。

關於上述幾個要點，顧忠華所言雖然不虛，但筆者難以認同「資本主義的精神」是一個經得起考驗的理念型，因爲前面的敘述已經約略指出，在儒教倫理中，同樣能夠存在資本主義精神。稍後本書將與更多的歷史經驗進行對話，以提出有別於韋伯的看法，亦即他認爲只有在基督新教倫理當中能產生的資本主義精神，事實上在儒教倫理當中該脈絡同樣清晰可見。此外，前述蔡錦昌「自制力」的說法與顧忠華所謂的「廣博的知識」與「準確的觀點」，二者所言其實是同一件事，因爲唯有理念型與歷史經驗不斷進行對話，如此才能得到「經得起考驗的」理念型[8]。除了這兩位學者以外，Walter G. Runciman也是韋伯學說的詮釋者，他認爲韋伯之所以使用「理念型」這項工具，主要是能讓社會學家形塑特定的概念，藉此賦予混沌不明、曲折難解的歷史有其意義與一貫性，要不然，歷史處於紊亂的境地而無法給予適當的解釋。理念型是一項邏輯建構，並且經由社會學家基於自己的觀點所設計、發明出來的工具，如此社會組織方能被分類，並加以比較[9]。

從以上幾位學者對理念型的評析，可知在討論理念型的潛在問題之前，似乎有必要重述理念型的特質。正因爲如果這些特質操作不愼的話，那麼潛在問題便會浮現。首先，理念型是通過對一個觀點的片面強調，而處理一堆散漫無章、看似毫無相關的個別現象，使之形成一個「統一的」思想圖像；第二，因爲理念型的「片面強調」產生所謂「執簡馭繁」的效用，以致於若操作不當便可能產生「去歷史」的解釋，其例子莫過於韋伯的「文化化約主義」；第三，理念型概念的純粹性並非抽離歷史經驗，除了可能造成「去歷史」之外，它與研究者的知識領域和文化價值有密切關聯。如果研究者並無深厚的知識基礎，來瞭解其比較對象的話，在運用「選擇的親和關係」時，則容易受到自身文化價值的左右，理念型將難達功效；第四，「理念型」是一種概念性工具，但無法提供「因果關係」的解釋，不能以前者來取代後者。

以上是理念型的幾個特性，彼此間並非獨立存在，而是相互關聯，運用得當可以成爲社會科學研究中重要的知識工具，反之可能使潛在問題一一浮現。

理念型潛在的問題

關於理念型這個概念工具可能產生的問題，與上述幾個特徵（或說問題）有直接或間接的關聯。如前所述，韋伯清楚知道，如果理念型這項概念工具運用得宜，它將能有效幫助研究者面對社會的複雜性。但反之如果運用不當，理念型將因爲它的特質而產生種種潛在的問題。以下分別討論之。

理念型的第一個特徵是「片面強調」。在這種過程中，一個或數個觀點將被強調，而社會科學研究者如何篩選這個（或這些）觀點？這或許與研究者本身的文化價值有關。另外，從韋伯的著作中看出，這些價值並非是中立的，而是在研究者選擇後，產生了「排他」的效果[10]。所以，片面強調能使研究者在面對林林總總、複雜萬分的社會事象時，達到「執簡馭繁」的功用。爲使看似紛亂無序的社會現象看起來「井然有序」，此時難免地「刪掉」、節略一些研究者認爲「不重要」的經驗事實，以達到抽象分析，證明其理論學說的效果。但在這樣的淘選過程中，非得要去掉那麼多的歷史證據嗎？所謂「不重要」的事實難道眞的那樣不重要？如果這種情形發生，那麼操作理念型不僅無法達到「馭繁」的效果，在「執簡」的過程中也可能使研究者誤認爲自己已經爲社會現象尋出規則、發現定律。處於特定學術旨趣與文化價值影響之下，研究者在這種「選擇」的過程中，已預先爲理念型的「去歷史性」埋下伏筆，但這個潛在問題並不必然顯現，只要研究者對比較對象的歷史能夠深刻瞭解，和研究者本身有足夠的自制力，不要爲了「成就」理念型，而有意無意地忽略歷史的經驗事實。然而，這並不容易做到，即使對於韋伯而言也是如此，理念型「執簡馭繁」的能力，表現於韋伯企圖以西方法律體系的二元邏輯「非此即彼」來看待中國在儒教影響下的傳統法律。在不清楚傳統中國法律的實質內涵之前，韋伯就操作其「理念型」的片面強調，之後，他宣布中國法律——相對於西方法律的能動與進步性，具有落後與停滯之性格。不過出乎韋伯意料之外，本書稍後將更進一步檢視唐朝與宋朝「進步」的法律，用以證明韋伯的理念型確實是「執簡」，但「馭繁」的部分由本書爲他補充。

與高度發達的現代時空背景不同，韋伯所處的時代交通不甚便利，資訊的流通速度也無法與今日相提並論。若要求韋伯到中國實際進行田野調查會相當困難，然而話雖如此，在這種不利的研究條件下，韋伯還遽然將傳統中國視爲西方「進步」社會的「對應物」？這點頗令人費解。尤以韋伯不懂中文，當然無法得知中國的歷史文獻極爲豐富。筆者猜想這或許是韋伯爲了掩飾他沒有能力處理中國歷史的事實，抑或理念型本身存在著侷限性，韋伯對「歷史」有其看法，由其學說的詮釋者David Trubek對他的學說做了以下的闡述：

歷史研究本身就是一種理念型（理念型態、理念類型），因爲沒有一種歷史陳述或命題能夠窮舉所有的現實，任何超越具體情況的陳述都是理想型。理想型分析既非建立科學假設，亦非陳述事實，而是將個別具體的現象，片面且誇張地綜合起來，以作爲一種分析工具[11]。

在其他的地方，韋伯還這樣說：

歷史研究面臨著這樣的任務，要在每個個別情況中決定這一理想概念接近或背離事實的程度。……那些概念只要運用得審愼，在研究和說明之中特別有用[12]。

只要理念型運用得宜，它將是有用的概念性工具，筆者也相信如此，但水能載舟亦能覆舟，假使運用不當的話，理念型也可能是危險的，因爲不僅無益於理解事件的關聯性，還可能導致失去理解某一特定社會現象的機會。從前章分析我們可以看出，關於中國的歷史分析，似乎是韋伯無法運用理念型的「片面強調」能夠充分瞭解的。相信我們能同意韋伯對於歷史研究本身就是一種理念型的看法，畢竟現實無法窮舉，而任何超越實象的陳述都只是理念型，事實上也無人能夠分析眼見所及的經驗現實。

但即使如此，本書也不能同意這種看法，縱然如此，研究者也不能以此作爲忽略「重要」歷史事實的藉口，或者將之視爲「不重要」的史實，而僅爲求增強理念型的完美性。例如，當韋伯以傳統中國的「重士抑商」的「政策」，來主張中國的商人階級並未得到尊重，以此推導出根本無法找到適合資本主義萌芽的土壤。確實，中國在傳統上一如其他地區，對不同的職業有不同的評價，亦即不同的職業的「社經地位」確實可能存在差異，並且還可能是天壤之別。一般咸認「士、農、工、商」中的「士」位列四民之首，時至今日，在受到儒教影響的世界中，大致上仍有特別尊敬讀書人的觀念。可是，假使「士、農、工、商」這樣的社經地位順序沒有問題，那麼韋伯應該能夠輕易發現問題所在，在傳統中國，農夫其社經地位僅次於士大夫，但中國歷史上眞的存在這樣的時期嗎？那怕只存在短短的一年？這恐怕連熟稔中文的西方漢學家都難以提出這樣的證據，但韋伯光用理念型的「片面強調」、「執簡（馭繁）」之特性，就相信商人並未獲得比農夫還高的社會地位。如果黃宗智教授是對的，那麼生活在明、清時期長江三角洲的農夫，還得面對衣食的匱乏而勞碌終年，這樣，那還能贏得比富裕的商人更高的社經地位呢？一如以往，農夫實際的社經地位還是無法比商人還高，那麼爲何韋伯寧願選擇相信商人在現實生活中是被排斥的一群呢。更讓人難以想像的是，韋伯以這樣的論點來推論中國不可能存在資本主義。由以上的分析，我們看到「片面強調」所造成的問題。但只要社會學家願意在「歷史」面向上多下些功夫，其實這個問題是可以避免的。

理念型還有另一個問題，就是「去歷史性」的特徵，當然，這也是可以避免的，只可惜韋伯讓這個潛在問題浮現出來。例如，Runciman對韋伯的「理念型」這個概念工具最爲直接、強烈的批評是：爲了理解這個世界，它使得研究者「過度地」浸沉在混沌之中尋找「去歷史的」（ahistorical）類型（typologies），反而失去鑲嵌在特定時空背景之因果關係的解釋能力[13]。事實上，Runciman所強調的正是一個「歷史結構的」研究取向——著重於特定時間與空間環境之因果關係的分析。換言之，正如韋伯所言，研究者必須謹慎使用理念型這項概念工具，在研究中必須持續與「歷史」進行對話，否則便會迷失在「去歷史的」類型的追尋之中。但在理想上，「理念型」這個工具並不必然因爲研究者基於自身知識旨趣與文化背景下，所操作的「片面強調」與「選擇的親和關係」，而成爲「去歷史的」，因爲在理念型未臻完美之前，還必須持續地、不斷地透過與經驗史實的對話來加以修正，但何以在對話過程中成爲「去歷史的」類型呢？或許這是因爲韋伯在操作理念型時，做了錯誤的示範所導致。也許，高承恕教授所言不假，他認爲韋伯在分析新教倫理與資本主義的起源時，是在西方社會文化脈絡中完成的，所以韋伯不可能是文化化約論者[14]。

但很可惜，我們看不到韋伯在分析傳統中國的「非」資本主義與「停滯」的傳統法律時，就像親身處於中國（或東方）社會的文化脈絡之中。至少，Runciman的論點在韋伯「分析」中國時是成立的。

韋伯透過其具有排他性的價值免除（*wertfrei*價值中立）之觀點，片面強調中國儒教的禁慾、重農輕商與中國傳統法律的停滯性，進一步主張由於儒教倫理的重農輕商、傳統法律的不可預測性，與中國「非」資本主義精神兩者之間的選擇性親和關係，造成了經濟的停滯。然而，倘若韋伯願意多花些時間與精力讓中國的歷史史實與其深感驕傲的理念型進行對話，那麼，他將會發現經由「片面強調」的過程之後，儒教倫理與資本主義精神這兩者之間同樣也存在選擇的親和性[15]，韋伯也將發現中國傳統法律並非像他原來所「想像」的落伍，雖然與西方法律的形式合理性略有不同，但同樣存在著他在「完美的理念型」中所不樂見到的「可預測性」。但爲何韋伯替理念型做出錯誤的示範呢？原來應該去和歷史經驗不斷進行對話的這個概念性工具，又如何變成「去歷史的」工具呢？日本學者金子榮一解釋道：

> *Idealtypus*的Ideal，乃於可能性中考察事物之謂。所謂可能性，即無矛盾，能有之意。利用理念型以說明或敘述社會事象，即是以「能有」爲媒介以探明「現有」之謂。理

念型的方法特色，即在於透過可能性以認識現實性。正像物理學家一邊準備數式所表現之「理念」運動概念，一邊實驗一般。韋伯也一邊組織「能有」之社會行為或結合的理念型，一邊檢討史料[16]。

從上面這段話可知，我們在操作理念型時，研究者也應該同時檢討歷史資料。但如前所述，不禁令人懷疑，當韋伯在面待中國歷史時，是否也在中國歷史的脈絡中討論儒教倫理與其傳統法律體系的特質呢？他理應非常清楚意識到，理念型只有透過與歷史事實的對話才能修正，這也是何以金子榮一認為韋伯「一邊組織『能有』之社會行為或結合的理型，一邊檢討史料」的原因[17]。但本書不同意金子榮一上述的說辭，因為韋伯根本未如所言，至少在中國的史料上頭，認眞地檢討。因為對韋伯而言，所謂的（中國）史料只能是西方進步的、經過合理化的社會之對應物。任何無法證明中國是西方社會的對應物之歷史事實，對所構思的理念型是有害的，所以也就難以出現在韋伯的「檢討史料」之中了。簡言之，理念型原本不應是「去歷史的」，但在韋伯的「片面強調」與「親和關係」的選擇之下，韋伯並未如金子榮一所說，認眞去檢討（中國）歷史資料，以致於最終韋伯被Runciman嚴正批評，正因為理念型，使研究者過度沉浸在虛無飄渺的混沌之中尋找「去歷史的」類型，但筆者認為這個說法不能成為理念型「去歷史化」的藉口，因為雖然理念型只是概念工具，也非抽離具體事件，而帶有烏托邦的色彩，但是，理念型之目的仍爲解釋複雜的社會關係，而社會關係必然鑲嵌在特定的時空背景之中。所以，Runciman所批評「去歷史的」特質並非理念型本身的問題，而是研究者因爲受到其自身知識領域與價值選擇之影響後所產生的問題。

理念型的第三個特徵是「選擇的親和關係」或「選擇的親近性」（*Wahlverwandtschaft*）[18]。韋伯的「新教倫理」與「資本主義精神」這兩個理念型之間的關係可說是最適合用來鋪陳「選擇的親近性」這一層關係，韋伯理應清楚知道，這種關係不具因果性，並非「新教倫理」導致「資本主義精神」的誕生，而是新教倫理提供了一個合適的環境，舒適的溫室，讓資本主義精神得以萌芽生長。如前所述，就像是Mahoney和Rueschemeyer所宣稱的那樣，「因果分析」是歷史社會學的特徵[19]。被稱爲歷史比較研究先驅的韋伯不可能不知道歷史比較研究者「理想上」應該找出因果關係才對，怎可能僅滿足於「選擇性的親和關係」呢？本書認爲，或許這正是韋伯所運用的策略吧！雖然「基督新教」與「資本主義精神」兩者之間並不具因果關係，但如果在其他地區的文化價值中找不著足以讓資本主義精神得以成長茁壯的環境，那麼，資本主義（精神）必然得產生於類似於所謂的「新教倫理」的價值之中，因此也就不可能發生在其他地區了。雖然說「選擇性的親和關係」並非因果關係，但其實這可能是韋伯想要讓大家誤以爲這是因果關係的論理方式，當然，此舉也可能是韋伯錯將這一親和關係當作因果關係。筆者相信，有一群人秉持新教倫理所產生的禁慾、汲汲營利、累積資本，管理工人、生產線、廠房、庫存等知識日益完備，簿記制度的發展、經營與管理權的分離，再加上法律體系的更新，像是商事法等保護私有財產之相關法律的創設等，這些因素都可能使得韋伯心中（理想類型的）資本主義精神得以在信奉喀爾文教派這群人身上找到。但無論如何，新教倫理不可能直接導致資本主義的誕生，充其量前者與後者間只具備「選擇性的親和關係」而已。

選擇的親近性極可能受限於研究者的知識範疇與價值選擇，並且理念型與歷史經驗之間的對話更需要很豐富、極廣博的知識。正因爲理念型是藉由「片面強調」與「選擇的親近性」所繪製出的思維圖像，因此，在操作理念型時，如何運用選擇的親近性將會影響研究者所梳理出來的概念，這意味著雖然理念型是有用的工具，但是，其操作與研究者所受到訓練有密切的關係，換句話說，即使研究者應該要熟悉本國社會具體的事件之外，也應該要對其比較對象的歷史有一定程度的瞭解，否則的話，理念型與經驗事實之間的對話將無法完成，或者理念型反倒使研究者誤以爲自己早就透過所謂「片面強調」的過程，釐清了原本難以理解的事項。在研究者對其比較對象（就像韋伯對傳統中國資本主義精神與傳統法律體系）不甚瞭解之下，理念型反過來成爲無法理解比較對象的障礙物。

理念型與實質經驗之間的對話，原本應能使我們明瞭理念型是否足以解釋經驗現實，然而卻因韋伯對中國歷史缺乏足夠的認識，使他無法看到在儒教倫理影響下的中國同樣也存在資本主義精神。本書在前面分析中已經證明，至少在明朝時期，在中國社會已經可以找到足夠的歷史事實，來證明資本主義存在的幾個特質，像是「理性化與專業化」、「計算獲利與累積資本」，「視勞動爲義務」、「責任感」，這些因素早已充分地顯現出來[20]。在先前的分析中，我們檢視了儒教倫理中所含攝的重要成分，發現「儒教倫理」一如「新教倫理」，與「資本主義精神」這個理念型之間存在著「選擇性的親和關係」，並且這種親和關係在明、清時期尤其明顯。

理念型的第四個特徵則爲：雖然理念型看似具有因果關係的分析，但事實上並非如此。韋伯可說是在社會科學領域中使用「理念型」的佼佼者，然而筆者將證明，正因操作爲理念型——諸如「新教倫理」、「儒教」與「道教」，使得韋伯難窺東方世界的眞實樣貌。此乃因爲他忽略一個極重要，同時也是極必要的事實：在中國歷史上，記錄著各個地區的政治、經濟、社會、生活與文化的「地方志」非常完備，即使不是絕無僅有、空前絕後，在人類歷史上也可說非常罕見。各地方興盛的工藝品、其生產、運輸、國內與海外貿易、人民的消費、生活方式與娛樂等均被詳實記載於累朝歷代的地方志當中，提供學者豐沛的研究資料。經由整理與分析資料，理應較能發現事實之眞相才對。爲使「理念型」順利操作，以突出作爲「新教倫理」相對概念的「儒教倫理」，在理念型的操作中「必須」

放棄地方志所記載的歷史事實，忽略其中的因果分析，必須委曲求全，成爲「去歷史性」的新教倫理「理念型」之對應物。換句話說，對韋伯而言，在儒教影響下的中國，無論發生在何時、何地的事件都不具重要性，無需闡釋因果關係，因爲韋伯認爲自己已經通過與歷史經驗進行對話，故此僅需提出上述幾個理念型便已臻完美，不需修正其理念型。但事與願違，實際上，由於韋伯不熟悉中國的史料，所以將「理念型」誤認爲「因果關係」或許是他的權宜之計，因爲在不熟悉中國歷史經驗的情形下，要使理念型與社會史實進行對話幾乎是不可能的。

另外，韋伯是一位歷史比較學者。在探討資本主義精神時，他運用所謂的「對照導向（歷史）比較研究法」來比較新教倫理與中國儒教，試圖在兩者間找到與資本主義精神相關的文化價值，這麼一來卻忽略這種比較法的缺點：它無法用來取代因果關係。筆者相信，正因爲如此，韋伯誤以爲自己發現了因果關係，而在未檢視中國歷史之前，就宣布他已經發現西方爲何產生資本主義，而在東方資本主義充其量只能短暫地萌芽，西方爲何進步而東方處於停滯或落後的狀態，因爲他相信，一個完美的理念型必須由其「反例」來成就。具體說來，對韋伯而言，新教倫理這個理念型，在難以置信的程度上，只能經由透過檢視它的反例——儒教倫理來完成，而非透過與東方歷史事實之間的對話。因此，中國大陸沿海，或者明、清時期的長江三角洲到底發生過那些事，就顯得不重要。對韋伯而言，重要的議題反而變成要如何才能證明儒教倫理怎樣阻礙資本主義萌芽，這也就是所說的「負面問題[21]」。既然韋伯認爲他已透過操作「理念型」，來「解釋」資本主義不可能發生在中國。但弔詭的是，韋伯「必須」忽略中國不同地區之地方志所記載的史實，否則他的「理念型」將缺乏操作性。當然，或許我們無法得知是否韋伯因爲對中國並無充分的資料、足夠的知識，而使他不得不將理念型誤當因果關係看待，但可以確知的是，雖然理念型是有用的工具，但從上述幾個特徵及其相關聯的潛在問題來看，操作理念型時必須小心謹愼才是，因爲大師韋伯正是第一位構思出烏托邦式的理念型，卻也是第一位誤用這個概念工具的研究者。

以上，本書分析理念型的特徵與潛在問題。不過，既然在理念型的操作上極可能因爲研究者所秉持的文化價值與知識領域，或者對於歷史事實不具備博學多聞，而使得潛在的問題顯露出來。但很可惜，對於理念型這項概念工具，學者大多抱持接受的態度，對於所可能產生的種種問題，在海峽兩岸的學術界難以看到強力的批判，究其原因極可能是因爲長期以來西方學術掌握了知識霸權，進而使得東方學術界除了「虛心」學習西方在社會科學、自然科學領域知識上的領先之外，更得時時奉西方經典著作爲圭臬，最終卻以缺乏批判能力收場。

接著我們要看，到底發展型國家理論是個「理論」，或者只是「理念型」的概念性工具？如果它不是「理論」而只是「理念型」的話，又將如何誤導我們呢？

發展型國家「理論」或「理念型」？

本節筆者將發展型國家「理論」正名爲一「理念型」，這所謂的「理論」其實是理念型的概念工具，其相關學說具備了理念型的特徵與潛在的問題。長期以來，發展型國家「理論」的支持者並未看到這個缺失，導致該「理論」在解釋實際經驗上遇見不少問題，因其支持者誤將此「理念型」當作「理論」，但理念型不能代替因果分析，即謂發展型國家「導致」經濟發展成功這種「因果關係」是不存在的。首先，敘述東亞「發展型國家」（developmental state）「理論」的主要觀點；第二，將該理論與韋伯「理念型」相連結，以檢視能否發現什麼事物。

「發展型國家」理論的主要觀點

崇尚自由主義的學者認爲，市場有一隻看不見的手在導引交易雙方的運作。最理想的情形是政府應該儘量不干預市場，因爲市場有自我調節的能力，足以維持市場最有效率的運作。不少學者認爲東亞經濟的成功是政府認同自由主義的結果，主張自由貿易與開放市場。可想而知，他們會批評那些主張政府可以有效干預工業化進程，甚至是國家經濟發展論點的人，像Alice H. Amsden和Robert Wade等人便主張政府可以透過制訂並執行財政、出口等政策來「管理市場」（governing the market）。

雖然支持自由主義的學者或許能找到一些案例來佐證其說法，但如何解釋一個自由主義所犯下的邏輯錯誤是啓人疑竇的，那就是如果發展中國家將經濟發展交託給市場上那隻「看不見的手」，也就是完全放任市場運作，那麼來自於已開發國家的廠商挾其科技、資金與管理知識的優勢大張威勢而來，發展中國家想必無法與之競爭，不論在農業、工業、或服務業，局面都將一面倒。屆時，發展中國家除了難以培植本土廠商以外，國內市場也將拱手讓人，然而自由主義者似乎從來不願意面對這個難題[22]。

簡言之，新自由主義過度強調市場的機能，忽略後進國家在財力、技術與知識上的不足，因此有必要由國家來指導或調度、協調有限的資源，以避免浪費，善用本國有限資源秉賦的優勢（如礦產、農產品），專注於少數策略性產業，培養本國廠商與跨國公司競爭，工業化才有成功的機會。這就是何以自一九八〇年代以來，學者不間斷地研究東亞四小龍的成功經驗，分析政府所扮演的角色。

關於國家機器的分析，王振寰貢獻卓著，在分析東亞發展型國家時同樣有獨到之處。他在二〇〇三年所發表的〈全球化下後進國家的抉擇：以東亞的發展路徑爲例〉一文中，認爲在探討東亞發展型國家時應當注意三個面向：第一，是「國家能力」（state capacity），包括國家自主性（state autonomy），前導性機構（pilot agency），和國家政策之一致性。自主性就是官僚在決策的過程中能免爲私人利益左右；前導性機構負責吸引海內外優秀人才，並爲不同行動者提供產業與經濟發展引導；一致性的政策則指協調國家內部各機構和不同行動者之間的利益[23]。

第二個面向是國家政策與市場的關係。發展型國家理論認爲，具有自主性的國家在經濟發展的政策上並非違反市場原則，而是與其搭配，國家介入太深會導致國家失靈，相對地私人利益過度擴張則會導致市場失靈，也就是說國家的政策必須導引私人資本到市場去競爭。

第三個面向是國家與私人資本之間的關係，也就是在計畫的制定與執行過程中，可以充分發揮國家—社會綜效能力（state-society synergy）。透過特殊的制度安排，使公私部門藉由合作的方式達成，這就是Peter Evans所強調的「鑲嵌式自主」（embedded autonomy）。藉著這種方式，政府動員私部門資本投資於策略性工業，並借重私人企業的力量，來幫助政府完成經濟建設計畫[24]。

發展型國家理論在二十世紀晚期常被用來解釋東亞資本主義發展的過程，日本及亞洲四小龍（台灣、南韓、香港、和新加坡）工業化的成功經驗。Chalmers Johnson是首先提出「發展型國家」概念的學者，早在一九八二年，他在《通產省與日本奇蹟：工業政策的成長，1925-1975》（*MITI and the Japanese Miracle: The Growth of Industrial Policy,1925-1975*）一書中，對日本通商產業省（MITI, Ministry of International Trade and Industry）深入分析。他認爲在這段期間，日本可謂發展中國家之首[25]，其政策特性是對市場做規劃，國家除了維持市場秩序以及規則，甚至也會介入市場以促進經濟與社會發展，達到國家期望的目標。簡言之，Johnson認爲適當的工業政策是日本經濟得以快速起飛最主要的原因[26]。

之後，他在一九九九年再度爲發展型國家概念提出更多說明，他認爲發展型國家的政策並非取代市場功能，而是透過改變市場誘因結構，進而改變廠商與消費者等私部門行動者的行爲，以達到國家預定的發展目的[27]。繼Johnson之後，發展型國家理論爲學者普遍接受，但其後全球經濟環境變遷，該理論也產生若干變化。關於發展型國家討論的最後一部分，本書將描述該理論的變體（變形），在此先討論發展型國家理論支持者的主要觀點。

如Chung-In Moon與Rashemi Prasad所言，東亞發展型國家的特色在於「首先，政府將經濟發展視爲政府最重要的目標，以經濟成長、生產力、競爭力的提升爲首要任務。此外，爲了達成上述目標，政府積極地介入市場，經由資源的配置與政策工具的使用來指導、規範、和協調私人部門。最後，獨立於政治和社會的壓力之外，一個理性的、有能力的官僚體制得以有效地介入市場，而這保證了國家介入市場的成功」[28]。但如果一個經濟體擁有「發展型國家」的政體爲目標，並且竭力想要達標，難道眞如Mood與Prasad所期待的那般，能保證國家介入成功，亦即達成工業化的目標了嗎？筆者難以理解這種樂觀的「臆測」。

在分析的層次上，發展型國家理論可說全然忽略分析國際層次，也就是全球地緣政治因素對特定國家發展的影響；同時，發展型國家理論既不願意、也不可能向結構內部深加探索，進行廠商層次的討論[29]。總而言之，顯見者爲，發展型「國家」理論的重心將只專注於國家在經濟發展中所扮演的角色。這樣的理論，就字面上看來，讓人誤以爲只要國家戮力發展經濟，成功便只是時間遲早的問題而已。其支持者亦作如是觀。

早期發展型國家理論的文獻當中，批評自由主義者的論點——例如開放市場、縮小公營事業規模、限縮管制與相信市場是萬能等，爲其研究起點者爲數不少。例如，Robert Wade檢視台灣經濟發展的過程，發現自由主義者所宣稱的論點，像是市場開放與縮小公營事業規模等現象並未出現，即使出現亦無關緊要[30]。Richard Luedde-Neurath一開頭便批評那些認爲南韓的經濟成就是建立在自由貿易的基礎上的論點。接著他檢驗南韓政府的工業政策，發現南韓政府運用兩大政策工具：財務與價格的控制，來促使經濟成長[31]。

此外，Wade與Luedde-Neurath都強調當時台灣與南韓威權政府的兩個特性，亦即外生性（exogenous）和自主性（autonomous），並認爲自主性是發展型國家的特色，否則政府在制訂政策時，將受到利益團體的干擾，難以自主作出有利國家經濟發展的產業政策。總而言之，自一九八〇年代初期開始，學界在不同程度上受到Johnson啓發，恰逢東亞四小龍經濟起飛，足以作爲發展理論的成功案例，並藉此質疑依賴理論宿命的悲觀看法，於是學者開始進行一連串東亞發展型國家的討論。

關於自由主義者與國家干預的支持者間的激辯，到了一九九〇年代仍然延續著，但其中最重要的一份報告，或許是世界銀行一九九三年的〈東亞奇蹟：經濟成長與公共政策〉（*The East Asian Miracle: Economic Growth and Public Policy*）。王振寰對於這場持續已久的論戰，其觀察可說是頗有見地，他認爲世界銀行這份報告已爲先前的辯論畫下句點。發展中國家的經濟發展與其公共政策息息相關，東亞國家過去的發展經驗告訴我們，放任無爲的自由主義不可行，其成功的主因在於國家利用合適政策來「干預」、「調控」市場。世界銀行檢視日本、四小龍、泰國、印尼與馬來西亞等八個在當時高速成長的東亞經濟體（high-performing East Asian economies），發現兩個與發展有關的政策，其一爲總體經濟的穩定（macroeconomic stability），其次爲投注於人民身上的投資（主要爲教育），這些政策的制定與執行與政府的能力（state capacity）息息相關。政府選擇性的干預（selective interventions），在上述八個經濟體的經濟成長上貢獻卓著。另外，政府的干預還必須搭配以下三個條件才能顯出成效：第一，政府必須洞悉市場運作時所產生的問題；第二，政府必須能制定出良好的基本政策；第三，政府有能力訂定標竿，並監督經濟表現，如此方能看出干預的效果[32]。

簡言之，政府制定、執行與監督政策的能力被世界銀行目爲「東亞模式」最爲重要的內涵，這意謂政府干預被世界銀行視爲東亞經濟體成功的關鍵。這份世界銀行一九九三年的報告，明確指出干預市場的必要性。因此，該報告被王振寰當作主張放任無爲的自由主義者與主張國家干預者之間辯論的終曲。到二〇〇〇年代以後，辯論硝煙或已消逝，至此學者們充其量只將「發展型國家」理論套用在所謂的「成功案例」之上，像是台灣、南韓、中國、印度，以及二〇〇〇年代中期以前的愛爾蘭等等，但可惜在學術界似乎看不見太多對該「理論」的反省了。

關於「國家」在發展的過程中所扮演的角色，Peter Evans的「鑲嵌式自主」（Embedded Autonomy）一概念，似乎總結「發展型國家」取向的神髓，因爲這種「理念型」政府能與社會保持一定的連結，但在制定重要政策上卻有「自主性」。這種自主性幾乎是無往不利、攻無不克，幾乎無需考慮「社會」不同利益團體的反抗。也就是說，若是政府制定產業政策，爲使「社會」（也就是資本家）得到利益的話，則國家—社會的關係將維持得很好，或者還能更好；倘若是有能的政府爲了全國利益，而制定出產業政策，必須犧牲資本家利益的話，此時國家有其自主性，就不必浪費時間在「安撫」民間社會。簡言之，國家在制定政策時有其自主性，不受利益集團左右，同時又能適當引導民間的資源進入政府所欲培植的產業（Evans, 1995）。然而筆者認爲，這是一個過於（overly）「理念型」（ideal-typical）的概念化工具，根本沒考慮到「足以影響」理念型的其他因素。此時，發展型國家這個「理念型」不僅無法幫助我們理解複雜的實際情況，如此硬生生地將實際的案例——像是東亞四小龍，套入「發展型國家」理論這個「強求一致的規範」（Procrustean Bed）[33]之中。

「發展型國家」的理念型

在探討日本、台灣、南韓與中國如何因應金融危機與推動金融改革時，雖然王佳煌並未對可能造成的問題加以解釋，但他歸納出四個關於東亞發展型國家理念型的特質極具啓發性。第一，以國家經濟發展爲職志，意圖爬上更高的階層；第二，強而有力的財經官僚體制，設立某種前置性機構，佐以有效的經濟計畫、以分配有限資源與運用財政、教育等相關政策；第三，公私部門積極交換資訊並進行合作，建構出計畫導向的市場經濟；第四，政治體制內分工明確，官僚系統得以在相對自主的情況下，理性地制定政策並加以執行[34]。關於前兩項特質，筆者認爲大略等同於上述王振寰所指出的「國家能力」，包括官員甚易摒除私利、準確設立前置性機構與政策制訂的一致性等等。第三、四項特質似乎保證，發展型國家在享受「鑲嵌式自主」的過程中，在配置公部門與私部門的資源上頭幾乎沒有遭遇困難，而足以產生國家—社會綜效，以利計畫的擬定、執行與修正。然而，這樣的過程就像是希臘神話中的普羅克拉斯提斯（Procrustes）將其俘虜放在鐵床之上，將超出床的大小之手腳（無法符合理念型的證據）全部砍掉，一切只爲了符合其鐵床尺寸（理念型）。這種比喻說明，看似「完全符合」發展型國家的「理念型」，其代價卻是得將「多餘的」證據除去，以符合「理念型」（床的大小）所欲傳達的概念。令人深感疑惑的是，學者似乎總是嘗試討論「理念型」對特定概念分析的「幫助」，而鮮少有人對韋伯不斷強調其好處的概念工具提出質疑。

理念型的操作被應用在「發展型國家」之上，而如此一個特殊類型的國家機器對許多學者而言，是經濟發展成功的「保證」。因此爲求更進一步澄清發展型國家理論的「神髓」，本書稍加回顧韋伯如何解釋理念型。他說：

> 一個理念型結構是由片面**強調**（one-sided accentuation）一個或幾個觀點和由許多散

在的、無聯繫的、多少存在的以及偶然又不出現的**具體個別**現象的綜合而成。這些現象根據那些片面強調的觀點，整理成爲統一的**分析**概念（*Gedankenbild*）。在概念純度方面，這種思想概念在事實中不可能只憑經驗去發現。這是一種**理想的完美境界**。歷史研究面臨著這樣的任務，要在每個個別情況中決定這一理想大概接近或背離事實的程度……。那些概念只要運用得審愼，在研究和說明後中特別有用[35]（註：粗體爲原文所有）。

上面這段話至少有幾點値得我們加以留意。第一，如韋伯所言，經由「片面強調」的過程，能讓研究者整理出統一的分析概念。但它也可能導致某些面向遭到忽略，即使像韋伯這樣偉大的法律專家、社會學家都可能爲了「理解」特定面向而忽略掉其他面向；第二，「片面強調」可使事物產生秩序，因而得以探討其關聯性的方式，此即藉著增強某些面向（但同時，也可能會忽略其他面向），以瞭解導致事件的因果關聯性，但並非因果關係，這使得我們無法在現實中找到與理念型完全相符合之事件。

第三，因爲理念型是藉由「選擇的親近性」而勾勒出來的思維圖像，因此如何運用選擇的親和性，將會影響研究者所梳理出的概念，本書認爲，這與研究者所接受的訓練有關。當研究者缺乏對該社會的具體分析，理念型反而會使研究者誤以爲早已經通過所謂「片面強調」的過程，而釐清原本晦暗不明、難以理解的事。最後，只要理念型運用得宜的話，它將是一個特別有用的概念工具，但如果運用不得法的話，不僅對理解事件的關聯性毫無助益，反倒過來還可能失去理解某一特定社會事物之機會。

簡言之，爲使符合強盜普羅克拉斯提斯（Procrustes）鐵床的大小，凡是超出普羅克拉斯提斯鐵床的肢體部分（歷史經驗）都將會被割捨切除。我們不禁要問，難道這是韋伯試著要讓我們理解的嗎？可能不是。不過，幾乎可以確定的，這是支持發展型國家「理論」的學者所做的，同時也是理念型所帶給我們的，雖然韋伯不可能知道發展型國家，但支持者卻將理念型（之「片面強調」、「選擇的親和性」）當成是因果關係，而這個作法在韋伯分析新教倫理與資本主義精神之間的（親和）關係時也曾發生過。

發展型國家「理論」過去被用來解釋東亞新興工業國家，以及在解釋近來金磚國家經濟起飛的現象時，恰巧也運用「理念型」這個概念工具。爲使「發展型國家」適合於普羅克拉斯提斯的鐵床，於是許多具體的證據（也就是長於鐵床的肢體）便非切除不可了。所以，在「片面強調」的過程中，指出國家在經濟發展有前瞻地制訂與執行政經政策、官僚體制公正不阿、與無與倫比的效率、國家自主性的充分發揮，以及公、私部門的充分地協調合作等，都成了經濟發展的保證。爲使「發展型國家」理念型臻於完美，因此刻意忽略全球地緣政治的因素，冷戰時代開始時美國援助日本、台灣、與韓國，以及後來開放市場給其東亞盟邦。另外，個別廠商的累進學習過程，像是宏碁電腦在無可選擇的情形下將代工與品牌部門切割而出乎意料地獲得成功。此外，還有難登高雅學術殿堂的「幸運」成分，就如印度政府開始時打算發展電腦硬體而非軟體產業，上述關於經濟發展的重要因素卻因爲不利於「理念型」的操作而被一一斬除，使得「發展型國家」變成「強求一致的規範」的殘肢敗體。

除此之外，在「發展研究」這個學術領域中，前述幾個理念型的缺失「恰好」都可在所謂的「發展型國家」找到。首先，發展型國家理論「片面強調」國家有能力制訂良好產業政策，並加以執行，國家擁有自主能力、國家—社會的綜合能力（綜效）等。第二，「去歷史性」的特質似乎不難在發展型國家找到，像是冷戰時期的地緣政治因素，「幸運」等因素就被學者忽略，筆者大膽「猜測」，唯有去掉這些原因，才可能讓發展型國家「理念型」更具純粹性。但很不幸，學者似乎忘記，或者根本不在乎理念型是否該持續與歷史事實進行對話，才可能讓理念型更經得起檢驗。當然，支持發展型國家「理論」的學者長期以來根本上已誤將「理念型」這一概念工具當成一個「理論」。

第三，爲刻意凸顯國家能力與「成功」產業政策之間「選擇的親和關係」，而刻意忽略國家的「無能力」與「失敗」產業的政策間的親和性。事實上，所謂的「發展型國家」除了可以找到成功的產業之外，同樣可以發現失敗的產業，像是台灣的汽車產業[36]、印度的電腦硬體[37]。此外，還有不久前號稱塞爾提克之虎（The Celtic Tiger）的愛爾蘭，何以短時間便喪失其國家能力（state capacities），尤其是財政能力，而淪爲歐豬五國之一呢？國家機器爲何驟然失去「原有」的能力，但這不都是同個發展型國家所爲？較合理的看法是：問題不在於這些「反例」，而是出在於「發展型國家」這個理念型本身。由於理念型帶有烏托邦的色彩，難以在現實生活中找到；另外，原則上理念型必須與經驗現實不斷地對話。也因此，無論學者所提出的「正例」（成功經驗）或「反例」（失敗經驗），其實都只是「對話」中的一個環節、一個部分，「對話」本身並非因果關係，而僅在修正發展型國家的「理念型」。因此，學者所得到的，充其量只是一個較爲完美的理念型而已，它並非是「因果關係」。

易言之，長久以來，發展型國家「理論」的支持者所得到的不是因果解釋：有能力的國家制訂合適的產業政策並加以執行，導致產業發展獲得成功，所得者是一個相對「完美」的理念型，在現實中無法找到。然而，這種「理念型」成功的代價是「簡化」（或忽略、或無法處理）複雜的成功因素。換句話說，這是因爲學者過去所習以爲常的發展型國家「理論」，其實只是一個「理念型」，亦即學者所堅信的發展型國家的「能力」，導致了經濟發展的「成功」，其實並非是「因果關係」而僅爲理念型的特徵——經由片面強調之後，在研究者特有的文化價值與知識背景下所產生的「選擇的親和關係」而已。

第四，延續著上一個理念型的潛在問題，再次強調也無妨，支持「發展型國家」的學者將「理念型」與「因果關係」二者加以混淆。或許執行「成功」的產業政策與發展型國家存在著選擇的親和關係，但不能以此「證據」遽稱是因爲發展型國家的能力，導致產業政策與經濟發展的成功。究其原因，發展型國家的支持者所犯的錯誤和韋伯一樣，就是將理念型誤認爲因果關係的解釋。

在此我們回顧「理念型及其缺失」這個小節的重點。首先，「片面強調」與「選擇的親近性」兩者同屬理念型之特徵，在面對社會現象的複雜性，社會科學的研究者在價值的選擇之下，藉由強調一個或數個觀點，有助於從雜亂紛呈的關係中得出相對合理的解釋。因此，倘若運用得宜，理念型其實是一套有用的概念性工具；第二，與Runciman的看法不同，本書認爲理念型不應爲「去歷史性的」；相反地，研究者應該竭盡所能與歷史經驗進行對話，若有必要，儘可能去修正該理念型，使其臻於完美。Runciman對理念型的批評，主要針對韋伯在操作時所發生的種種錯誤，正如顧忠華所指出，理念型最大的問題在於，它必須放棄許多研究者熟知或是不甚瞭解的具體事實。關於顧忠華的論點，或許韋伯對於其新教倫理的「對應物」，也就是東方的儒教倫理、與中國傳統法律體系，並無廣博的知識。換句話說，韋伯爲了達成他所推崇的理念型之完美，促使研究者輕易或不得不放棄一些他無法解釋的資料。這種缺點在韋伯關於資本主義與形式法律的理性化中暴露無遺。簡言之，暫且不論韋伯對其資料的考察是否僅限於其故土家鄉，而對於中國的研究僅止於二手資料，但應該可以確定的是，假使韋伯曾深入研究中國的歷史，或者曾經運用他引以為傲的理念型，來與中國的社會現實進行有效的對話，會產生這種研究結果將是令人難以置信的。

第三，「選擇的親近性」不能目為「因果關係」的分析，這可從「新教倫理」與「資本主義精神」兩個理念型之中看出。亦即，充其量新教倫理僅僅提供資本主義精神萌芽的肥土而已，但不能就此宣稱前者直接導致後者。筆者相信，韋伯應該非常清楚這兩個理念型之間的關係才是，既然他知道資本主義的起源除了必須有一群人認眞積累財富之外，還必須有所謂形式理性的法律來為經濟行為提供法律保障的可預測性。但偏偏問題出在韋伯不熟悉其比較對象，在比較的過程中，非常容易使讀者產生錯覺，認為新教倫理——而非儒教倫理，才是產生資本主義精神的原因。我們難以認定韋伯是否出於刻意，使讀者產生這種錯覺，但在其著作中可以確知，韋伯認為喀爾文教派的信徒，他們的社會行動，正是「理解」資本主義精神萌芽，進而導致資本主義在西方國家興盛的原因。因此便能合理懷疑，韋伯確實存在「誤導」讀者去相信新教倫理與資本主義精神存在著「因果」關係，而不僅只是「選擇的親和關係」而已。

最後，筆者認為，現在應是發展型國家「理論」該被正名為發展型國家「理念型」的時候。上述提到幾個理念型因操作不當而使得幾個「潛在問題」——像是「去歷史性」、對於比較對象不具廣博知識、「選擇的親近性」不等於「因果分析」等等逐一浮現。而這些潛在問題都可以在發展型國家的「理念型」找到，這正是因爲不少學者，就像是韋伯那樣，錯將理念型視爲「因果分析」所導致的。此即長久以來發展型國家被誤認爲是「導致」經濟發展成功的原因，但其實「發展型國家」與「成功之工業化」之間，充其量只存在著選擇性的親和關係，並非由於前者導致後者。其他的因素，像是全球地緣政治、熱錢的流竄、一國國內市場的大小等，也都可能在國家發展的過程中扮演著各自的角色。

爲使「發展型國家」「理念型」達致完美，地緣政治與幸運成分等因素被刻意忽略[38]。也就是說，許多的經驗事實被隱藏不顯，在在只爲使「發展型國家」看起來更爲完美而已，然而與經驗事實的對話卻遭到忽略。因此筆者認爲，此時應該是將發展型國家「理論」正名爲發展型國家「理念型」的最佳時機。

接著本章繼續討論韋伯的「文化化約論」，雖然這或許會引起韋伯學說的護衛者一陣緊張，但一如先前所述，這問題還是應該歸結於理念型的不當操作所致。

韋伯的「文化化約論」

韋伯是否算是一位文化化約論的學者，過去常被討論著。一般而言，多數人不認爲韋伯持文化化約論之觀點，原因似乎不難想像，「化約論」這個詞彙帶有貶意，再加上韋伯是顆閃亮的巨星。因此，會將化約論者與韋伯相連結的人應該不多才是。但這個問題或許還沒解決，那麼，在此筆者不能免俗地略爲討論韋伯是否算是一位文化化約論者。

韋伯在《新教倫理與資本主義精神》一書中提到，在宗教改革之後，基督新教教義的詮釋已經不再歧視世俗的勞動，宿命預選說提出之後，信奉喀爾文教派的信徒便克制欲求、節制奢華，並努力賺錢以榮耀上帝，爲要證明自己是上帝的子民。並且，這樣一個由「出世制慾主義」轉向「入世制慾主義」的特徵，只有在喀爾文教派的生活實踐中才被充分展現出來[39]。韋伯並非不瞭解，在東方的中國，明、清兩朝曾有一段非常繁榮的時期。但即使如此，韋伯仍然認爲社會行動是理解社會的不二法門。因爲對韋伯而言，心理的和社會的現象都屬於人的行爲科學，它同時包攝各種思想與看法[40]，正因爲如此，他將「基督新教倫理」與「資本主義精神」目爲「理念型」。但不僅「新教倫理」與「資本主義精神」相互關聯，出人意料地，「儒教倫理」與「資本主義精神」之間也同樣存在類似的親和關係。這個論點在本書第一章已略加解釋，稍後將再經由與歷史對話予以補充。

「理念型」是韋伯爲社會科學方法論所留下的重要研究分析工具。概略說來，它能使研究人員從混沌的世界中，利用某些概念來找出有意義的分類，進而理解所欲研究的題旨。例如，在《經濟與社會》一書中，韋伯將權威分爲三種，分別是傳統型權威

（traditional authority）、魅力型權威（charismatic authority卡利斯瑪權威），以及法理型權威（rational-legal authority）。法理型權威是人們藉由合法的程序而形成的，是具有合理性的權威；傳統型權威是通過世襲等因素而形成的；魅力型權威相較則是因爲領導者具有超人的秉賦或才能而形成。相較於魅力型權威將因爲「偉人」殞落而使領導體系有陷入紊亂的危機，傳統型和法理型則相對穩定[41]。當然，可想而知，韋伯所關心的法理型權威爲西方特有的理念型，蓋因這是西方世界理性化過程的產物，在東方世界（尤指中國）中則停留在較爲落後的傳統型或魅力型權威的領導體系。

透過運用理念型，人們更容易理解權威的領導體系——這個複雜的社會組織基本的構成要素。話雖如此，理念型這個工具本身並非無懈可擊，因其一旦形成，似乎自然會迫使研究者在分析的過程中找尋其「對應物」。對韋伯而言，是新教倫理促成資本主義精神產生，使資本主義不斷向外擴張，以尋找利基。而什麼是資本主義的精神呢？對韋伯而言，資本主義「精神」與前資本主義「精神」不在於汲營利潤（也就是人類的營利本能）能力的強弱有無，因爲自古以來各行各業，上至貴族、商賈、官員，下至販夫走卒、升斗小民，每個人無非都想多賺一點錢。所以，追求利潤的極大化應該只是資本主義的要素之一。然而，到底何爲資本主義？每位學者的看法不一，所以資本主義到底應該含有哪些成分，在人類歷史上資本主義從何時開始，成爲學者長期以來爭辯的話題。

當然，促成資本主義興起的原因可能有許多，支持韋伯說法的學者會認爲筆者將韋伯的思想過度簡化成「新教倫理」才是促成「資本主義精神」的唯一因素。例如，高承恕在《理性化與資本主義》一書中，提到當韋伯在企圖掌握資本主義起源時，便朝西方特有的社會結構及文化價值中去找尋當中的關聯性，像是西方的城市特質、市民階層促成制度改變、合理的形式法律、民族國家的形成、新教倫理等，在十五、十六世紀時共同促成西方現代資本主義的興起[42]。韋伯爲古典社會學理論三大巨擘之一，若說他會將資本主義的起源這個「大議題」化約爲單一因素——即喀爾文教派信徒的入世禁慾的生活態度或是文化價值的話，那眞的令人費解，同時也使得社會學家寧可選擇不相信這個「化約主義」的說詞。

針對是否可視韋伯爲一文化化約論者，本書與高承恕的看法不同，認爲從韋伯的論點來看，他恐怕難逃這樣的指控。這裡至少有兩個原因，讓我們不得不再次質疑韋伯文化化約主義的傾向。第一，韋伯在討論理念型結構時強調「片面強調」與「理想的完美境界」，倘使運用不當，將可能導致某些具體的個別現象被刻意或非刻意地忽略。因而爲達致「發展型國家」理念型概念的完美無瑕，對一個國家（經濟體）而言，極爲重要的有利因素或多或少被加以忽視，例如二戰之後美國對台灣、南韓的軍事與經濟援助，便相當有利於兩國經濟發展，但發展型國家理論無法解釋這種因素，因理念型無法包攝這個複雜的現象，像這類具體而複雜的現象，也就是「地緣政治」（geopolitics）因素。

筆者並不否認如高承恕所主張，韋伯必然仔細考慮過西方特有的社會結構與文化脈絡，喀爾文教派的信徒，因其卓越的經濟能力，也成爲城市市民階層的主要成員。更何況，基督新教倫理也只有在特定的時空背景下，才可能使一群人產生共同的價值信念與生活態度。然而，因爲理念型本身「片面強調」的特性，使得韋伯《新教倫理與資本主義精神》一書讓讀者認爲，其他的因素——例如市民社會、買賣奴隸、新大陸的蔗糖生產、資本家與王室的互動，以及與亞洲的貿易等因素，變得不再重要。爲使「新教倫理」這個理念型能夠歸結整理出一個有用的分析概念，韋伯不得不從世界的他處找到一個「對應物」，那就是儒教[43]。

第二，反對韋伯的「唯物主義」者認爲，從十七世紀開始，西方人口大量增長，貿易往來頻繁，中南美洲白銀大量進入歐洲，資本主義自然會產生，與「精神」無關。爲反駁這種論點，於是韋伯選擇中國的宗教當作「資本主義精神」的對立面。他知道中國在十八世紀左右人口也經歷大幅成長，且當時對外貿易呈現出超，黃金和白銀大量流入，尤其後者不輸給歐洲[44]。然而，爲何資本主義並未在中國這個地方出現呢？甚至在某種程度卻出現經濟停滯呢？

爲了解釋資本主義出現在西方而非東方的理由，韋伯告訴我們，新教倫理的「預選說」使虔誠的眾教徒爲了證明自己是上帝的子女，於是努力累積財富，因爲這是得到救贖的唯一機會；相對來說，中國的儒教雖然同樣禁慾，但因爲儒教倫理所在乎者爲出世的個人修行，再加上儒家思想認爲商人位列四民（士、農、工、商）之末，在在使得中國雖然有資本主義的土壤，但卻無法讓資本主義的種子萌芽[45]。然而，這種觀點使歷史的眞實性白白犧牲在理念型的「片面強調」之下，尤其在比較新教倫理與儒教倫理時，明、清時期長江三角洲（或稱江南）到底是如何繁榮、爲何繁榮，這些議題並非韋伯所關心者。在片面強調某些精神層面的因素會影響人的行爲，韋伯所在意者只剩下新教倫理「出世的禁慾主義」與儒教倫理的「入世的禁慾主義」兩者截然不同的結果——亦即資本主義的萌芽或是枯萎。

發展型國家——一個理想的[46]烏托邦

本章最後說明過去的發展型國家「理論」如何誤導人類思維。我們業已證明發展型國家「理論」應正名爲發展型國家「理念型」，因爲如此完美的政體基本上不可能存在這個世界上。此外，誤稱爲理論也欺騙上百個所謂的「發展中」國家，讓這些窮國認爲只要建立「發展型國家」的政體就能導致經濟成長，達到發展的目標。爲使發展型國家這個理念型趨向完美，許多有效的因素只好被擯棄，這著實誤導第三世界（或稱南方貧窮）國家，諸多因素像是廿一世紀知識經濟時代的來臨、金磚大國崛起後的世界經濟變化等等，也就是筆者與同僚於今（二〇一五）年發表於日本立命館（Ritsumeikan）大學所發行的英文期刊亞太世界[47]（Asia Pacific World）文章所指出的幾個重點。這些因素能證明，在考慮一國（經濟體）發展時，除了政府能力、國家機器良窳外，許多因素也得納入考慮。

首先，廿一世紀是知識經濟時代，在一九九五年之後，在美國的主導與之後日本與歐盟的支持下，全球有了最低的知識產權（智慧財產權）保護的標準，但事實上北方發達國家在媒體上、學術界不斷鼓吹這樣的消息，若是發展中國家遵守知識產權保護的相關規定將更能提升創新能力與吸引外商投資。但事實是，當年只有十四、五個跨國公司在美國國會遊說，法案通過之後再尋求已開發家的支持，這擺明是爲保護跨國公司的商業利益，與人類創新能力無關。我們可以從該研究中發現，雖然少數幾個發展中國家的科技能力正在進步，但已開發國家卻是以更快的步調向前挺進。簡單說，因爲這些經濟體擁有更豐富的資源投入研發的活動，當然這與人才有關。

其次，在新經濟時代裡，人才變成最重要的資產，但全球知名大學幾乎都位於發達國家，且每年自發展中國家吸引無數人才就讀，畢業之後更在當地就業。目前，人才流出數量最多的前兩名爲印度與中國，當然這兩個國家是全球人口最多的，其人才數量應該還夠用才對。但事實上，一流的人才大多選擇留在歐美工作，原因除了薪水較高、環境較好之外，還有殖民性格在作祟，回到母國的人的被當作是沒有能力的人，被視爲第二等人，即使當中不乏有幾位因爲祖國的呼喚而回去的。其實，大多數南方國家都有人才外流的問題，因此在這樣情形下，特別是在廿一世紀以知識爲主要推動力的經濟時代裡，大多數的發展中國家的生存空間受到大幅度的壓縮，我們懷疑即使擁有一部健全的國家機器也難有作爲。

再者，一九九〇年代影響最鉅的全球變遷之一即金磚國家（巴西、俄羅斯、印度、中國，或許再加上南非）的崛起，除了勞動市場供給大幅增加之外，許多工作機會轉移到這些經濟體，而其巨大的國內市場也對國直接投資（foreign direct investment）產生著磁吸效應，筆者與同僚的研究指出，在二〇〇〇、二〇〇五，與二〇一〇年時，金磚五國占全部發展中國家所吸引外資的百分之三十一、三十二，與三十五的比例[48]，其他的百餘個南方貧窮國家只能瓜分其中不到百分之七十，因此，我們大約可以看出，廿一世紀的新經濟時代，加上大國崛起，都在影響著每一個發展中國家的命運，一經濟體的發展與否，絕非一個發展型政權所能解釋的。如此，我們當可看出，在發展型國家「理念型」烏托邦的指導（或誤導）之下，人們的思維似乎離眞相越來越遠。

◆注　解◆

【1】Smelser, Neil，〈走向一種現代化的理論〉，謝立中、孫立平主編，《廿世紀西方現代化理論文選》，（上海：上海三聯書店，二〇〇二），頁一四五～一六三，第一四五頁。

【2】本書作者不諳德文，本段文字引自蔡錦昌，《韋伯社會科學方法論釋義》，（台北：唐山出版社，一九九四）。

【3】蔡錦昌，《韋伯社會科學方法論釋義》，第七七頁。

【4】前揭書，第七八～七九頁。

【5】原是化學術語，指在化學反應過程中，元素間彼此結合的程度。翟本瑞認為韋伯使用此概念旨在同時保有主觀性意義詮釋與客觀性因果關係的可能性，希望藉由前者以保留主觀者基於某種價值或意義來進行詮釋的可能，另一方面又得以指出客觀的因果關系。參考翟本瑞，〈選擇性親和性─韋伯對歷史認識的方法論設計〉，翟本瑞、張維安、陳介玄之《社會實體與方法─韋伯社會學方法論》，第八五～一〇三頁，（台北：巨流出版社，一九九〇）。

【6】顧忠華，《韋伯的〈基督新教倫理與資本主義精神〉導讀》，（台北：台灣學生出版社，二〇〇五），第四五頁。

【7】Kart Kaelble，趙進中譯，《歷史比較研究導論》，（北京：北京大學出版社，〔一九九九〕二〇〇九），第九二頁。

【8】事實上，顧忠華、蔡錦昌兩位學者都提到韋伯理念型的問題，例如，研究者如果對其比較對象不甚瞭解時，操作理念型可能會產生不小的問題，但可惜的是，他們兩位並未對韋伯對於儒教倫理與傳統法律之看法產生質疑，進而提出批評。

【9】Walter Garrison Runciman (ed.). *Max Weber: Selections in Translation.* Translated by Eric Matthews (Cambridge, London and New York: Cambridge University Press, 1978).

【10】金子榮一，李永熾譯，《韋伯的比較社會學》，（台北：水牛出版社，一九八六）。

[11] David M. Trubek, 1986. “Max Webber’s Tragic Modernism and the Study of Law in Society,” *Law and Society Review*. 20(1986), pp. 573-598.引自黃維幸，《法律與社會理論的批判》，（台北：時報文化，一九九一），第一四五頁。

[12] Max, Weber, Hans Heinrich Gerth, and Bryan S. Turner. *From Max Weber: essays in sociology* (New York: Routledge, 1991), p. 103.

[13] Walter Garrison Runciman. (ed.) 1978. *Max Weber: Selections in Translation,* p. 5.

[14] 高承恕，《理性化與資本主義》，（台北：聯經出版社，一九八八）。

[15] 先前提過儒教倫理與資本主義精神之關係，但並未說明兩者是「親和關係」而非「因果關係」，吾人將在發展型國家「理念型」一節中將說明之。

[16] 金子榮一，《韋伯的比較社會學》，第二七～二八頁。

[17] 金子榮一，《韋伯的比較社會學》，第二八頁。

[18] 這個詞的中文翻譯學者間有不同的版本，例如「選擇性親近性」、「選擇性的親近」等。

[19] James Mahoney and Dietrich Rueschemeyer. *Comparative Historical Analysis in the Social Science.*

[20] 翁光燦、謝宏仁，〈儒教倫理與資本主義精神〉。

[21] 高承恕，《理性化與資本主義》。

[22] 更有甚者，在知識經濟時代，先進國家所訂定出來的「有貿易有關的智慧財產權協定」（Agreement on Trade-Related Aspects of Intellectual Property Rights, TRIPS）更是由十幾家美國跨國公司在美國國會進行遊說，促使美國政府為了廠商利益和本國經濟利益，而要求全世界所有的經濟體都必須遵守此種「國際」規則。

[23] 王振寰，《誰統治台灣：轉型中的國家機器與權力結構》，（台北：巨流圖書公司，一九九六）；王振寰，〈空間再尺度化的角力：全球化下的台灣資通訊產業與國家機器〉，《地理學報》，第四九期，九月，二〇〇七，頁一～十六；王振寰，〈全球化下後進國家的抉擇：以東亞的發展路徑為例〉，台灣社會學會理事長（二〇〇一～二〇〇三）卸任演講，十一月二九～三十日，台灣社會學年會，主辦單位：政治大學社會學系。

[24] Peter Evans. *Embedded Autonomy: States and Industrial Transformation* (Princeton, N.J.: Princeton University

Press, 1995); 王振寰，〈全球化下後進國家的抉擇：以東亞的發展路徑為例〉。

[25] 有關東亞國家經濟發展的型態，日本經濟學家赤松要（Kaname Akamatsu）更曾在一九三五年提出雁行理論（the flying-geese theory/model），戰後被用來解釋東亞工業化過程之中，日本為東亞雁群之首，台灣、南韓、香港和新加坡緊跟在後，再接下來是東南亞國家，例如泰國、馬來西亞、印尼和菲律賓等。簡單來說，日本先發展某一特定產業，當技術已臻成熟之時，同時生產要素發生變化，產品在日本的競爭力轉弱之際，接著亞洲四小龍自日本取得技術移轉，開始此一產業的發展與興盛，不過在此同時，日本的產業結構升級到另外一個層次。同樣地，當亞洲四小龍在該產業也發展成熟之後，這些產品之生產再度轉移到更為落後的國家，此時，亞洲四小龍的產業結構也隨之調整，呈現出先後順序之勢。是故，雁行理論也可稱為產業結構之候鳥效應。

[26] Chalmers A. Johnson. *Japan: Who Governs? The Rise of the Developmental State* (New York: W.W. Norton, 1995).

[27] Chalmers A. Johnson. "The Developmental State: Odyssey of a Concept," in Meredith Woo-Cumings (ed.) *The Developmental State*. (Ithaca: Cornell University Press, 1999), pp. 32-60.

[28] Chung-In Moon, and Rashemi Prasad. "Beyond the Developmental State: Networks, Politics, and Institutions," *Governance*, October, 1994, 7(4), Issue 4, pp. 360-386, p. 362.

[29] 成功的廠商，例如台灣的宏碁、中國大陸的新聯想、韓國的三星與印度的Wipro等，均有其異軍突起、商場致勝的原因。另外，學者中不乏聚焦於產業群聚分析與討論。同時，也認為公司層次的累進學習（incremental learning）是致勝的關鍵。

[30] Robert Wade. "State Intervention in 'Outward-Looking' Development in East Asia: Neoclassical Theory and Taiwanese Practice," in Gordon White (ed.) *Developmental States in East Asia* (Hampshire: McMillan Press, 1988), pp. 30-67.

[31] Richard Luedde-Neurath. "State Intervention and Export-Oriented Development in South Korea,"in Gordon White (ed.) *Developmental States in East Asian* (Hampshire: McMillan Press, 1988), pp. 68-112.

[32] World Bank. *The East Asian Miracle: Economic Growth and Public Policy* (New York: the World Bank, 1993).

[33] Procrustes是希臘神話中的普羅克拉斯提斯，是一名強盜，他把逮到的人平放到鐵製的床上去，如果身體比床

長的話，他就切掉伸出來的部分。Procrustean為其形容詞，Procrustean bed引伸之義為「強求一致的規範」，有「削足適履」的意味。

[34] 王佳煌，《雁行千里：東亞發展型國家的金融改革》，（台北：巨流圖書公司，二〇一〇）。

[35] Weber, Gerth, and Turner. *From Max Weber.* p. 103.

[36] 瞿宛文，2001，〈台灣產業政策成效之初步評估〉，《台灣社會研究季刊》，第四二期，六月，二〇〇一，第七〇～一一一頁。

[37] Anthony P. D'Costa. "The Indian Software Industry in the Global Division of Labour," in Anthony P. D'Costa and E. Sridharan eds., *India in the Global Software Industry* (Hampshire, NY: Palgrave, 2004), pp. 1-26; Anthony P. D'Costa,2004."Export Growth and Path-Dependence: The Locking-in of Innovations in the Software Industry," in Anthony P. D'Costa and E. Sridharan eds., *India in the Global Software Industry* (Hampshire, NY: Palgrave, 2004), pp. 51-82; Vincent H. Shie and Craig D. Meer. "The Rise of Knowledge in Dependency Theory," *Review of Radical Political Economics*. 42(1), March, 2010, pp. 81-99.

[38] 謝宏仁，《發展研究的終結：廿一世紀大國崛起後的世界圖像》，（台北：五南圖書公司，二〇一三）。

[39] 顧忠華，《韋伯的〈基督新教倫理與資本主義精神〉導讀》，（台北：台灣學生出版社，二〇〇五），第四五頁。

[40] Weber, Gerth, and Turner. *From Max Weber.*

[41] Max Weber，林榮遠譯，《經濟與社會》，（北京：新華出版社，一九九七）。

[42] 高承恕，《理性化與資本主義》。

[43] 在《儒教與道教》一書中，韋伯討論中國的宗教時，事實上也將道教放在分析之中，然而，不可否認地，儒教被韋伯視為是「新教倫理」理念型之主要對應物。

[44] 顧忠華，《韋伯的〈基督新教倫理與資本主義精神〉導讀》，（台北：台灣學生出版社，二〇〇五），第一三九頁。

[45] Max Weber. 洪天富譯，《儒教與道教》，（南京：江蘇人民出版社，一九九三）。

[46] 這裡筆者用理想的（ideal）來代替理念型的（ideal typical）烏托邦。

[47] Vincent H. Shie, Jau-Hwa Chen, Chia-Yi Chuang. "The 21st-Century World Economy in the Wake of the Rise of the BRICS: The Chinese Miracle Reconsidered," *Asia Pacific World* (2015, forthcoming).

[48] Shie, Chen, and Chuang. "The 21st-Century World Economy in the Wake of the Rise of the BRICS."

第四章 「歷史比較研究」的終結？

在韋伯之後，我們都以爲「（東、西方）歷史比較研究」已經終結？此話怎講？因爲我們好像找到一位歷史比較研究的模範生，擁有極具效率的概念工具，也似乎得到深具說服力的解釋，更擁有被普遍接受、大有價值的研究發現。該比較的，大體上應該都比較完了。整個東、西歷史比較研究好像沒有必要再進行了，似乎沒有更重要的議題可以討論了，即使要討論也只是些細節的修正而已。

但事實眞的如此嗎？

在韋伯之後，已經不可能找到更好的研究方法了嗎？我們眞的可以放心如此地宣稱嗎？在本章中，我們將會看到韋伯曾經提醒在進行歷史比較分析時所應該留意的重點，只是連他自己在比較東、西方社會之時也忘記這些要項。簡單說，韋伯告訴我們「理念型」、「歷史比較分析」必須要經常與經驗事實對話，用以修正理念型，使臻完美，也讓歷史比較研究能健康地植基在事實的基礎之上。然而，當我們不斷嘗試與經驗事實對話之後，我們赫然發現韋伯只是建議我們如此做，但他自己卻沒有能力、沒有時間、或者未曾願意對東方的歷史經驗付出多一些關心。現在，他的未竟之功由我們來幫忙他完成。換句話說，我們以中國俗語「以子之矛、攻子之盾」，在歷史比較分析中應該注重的要項上頭，柔性地提出不同於韋伯的看法。

本章內容安排如下：首先討論歷史社會學特徵、邏輯與潛在的問題。接著解釋「帶回歷史」的重要性，特別是在不當操作理念型的過程中產生原本不應該出現的「去歷史性」，一如在第一章時曾解釋過，在儒教倫理中也可以看到資本主義精神（就是新教倫理）那樣。在此，我們將討論儒教倫理與資本主義精神的「親和關係」，並且運用更充分的歷史資料來加以證明。最後，除了先前所提的證據，說明傳統中國法律的進步性與因應時代變遷的順應能力之外，還進一步以唐朝、宋朝各項進步的法律，來說明因爲韋伯不當操作理念型，而使得進步的中國傳統法律的事實受到掩蓋。

歷史社會學的特徵

「歷史社會學」的特性與「歷史結構」研究取向這兩者基本上是同一種方法學，只是兩種不同稱呼而已。這兩者都強調歷史面與結構面的分析，而且兩者都反對一九五〇、一九六〇年代學者將社會區分爲不同且獨立的面向。這種將社會文化關係視爲互不干涉的作法，同時爲Fernando H. Cardoso的「歷史結構」研究取向與Theda Skocpol等社會學家

——例如Philip Abrams, Anthony Giddens，與Immanuel Wallerstein（華勒斯坦）所強調將歷史帶回社會學的分析所拒斥。除此之外，Cardoso可說是將「歷史結構研究取向」應用於國家發展研究議題的先驅，若我們將其「歷史結構」研究取向與Skocpol在分析歷史社會學時所提出的四個特性加以互相比較，將會發現兩人都強調歷史面與結構面是研究者都應該掌握的兩個面向。以下，先討論Cardoso的觀點。

Cardoso所堅持之「歷史結構的」研究取向，所欲強調的是，在歷史上任何一個事件都有其發生的時間點、與其歷史背景，其中更蘊涵錯綜複雜、盤根錯節的社會網絡，筆者認爲這就是一個「歷史結構的」途徑，在此研究者必須同時注意歷史面與結構面，亦即時間與空間因素。如同先前所描繪的，當研究者「帶回歷史」，對於特定社會現象的時空背景，也就是歷史文化脈絡加以回溯，才能使其分析具有意義。另外，社會科學的解釋必然是「歷史的」，也是「比較的」，故此，本書所指「歷史社會學」、「歷史比較研究」與「歷史結構的」研究取向，三者基本上指的是同一種研究途徑。除了強調上述的歷史面與結構面以外，歷史社會學的特徵爲何？學者從不同的面向進行觀察，找到以下特性。

Skocpol認爲歷史社會學的研究一般而言有四個不同的特色，首先，也是最基本的是，歷史比較研究所欲瞭解的問題是「社會結構」或「過程」，並且這些「境遇」（situated結構、過程）被具體地安置於特定的時空之中。這個特質與理念型「片面強調」的特性恰好相反，這也是本章爲何要特別討論歷史比較研究的原因；第二，歷史社會學對「時間內的過程」（processes over time）感到興趣，並且在追本溯源的過程中，高度關注時間序列；第三，大部分的歷史分析關心「具有意義的行動」（meaningful actions）與「社會結構」（structural contexts）兩者間的互動，藉此解答「個體生活」（individual lives）與「社會轉型」（social transformations）兩者可預期或非預期的結果，但韋伯只在意前者，特別是在研究東方社會時；第四，在歷史社會學研究中，強調特殊與變遷特徵的社會結構和其變遷的形式，並且對於側重歷史分析的社會學家來說，社會的與文化的兩者差異在本質上使他們研究興趣高昂[1]。除此之外，Skocpol與同僚在其他之處也強調歷史比較分析有兩種特色，其一爲問題取向，其二是知識積累。前者與理論取向相互區別，後者則與概念或理論不斷進行對話[2]。其意義與E. P. Thompson所言相似，概念與歷史證據對話，就是不斷與假設進行對話，同時，它也是實證研究[3]。

從上述Skocpol對歷史社會學特性的分析，再配合本書所要分析的議題，以下三點值得加以強調：第一，歷史比較分析、歷史結構的研究取向所堅持者爲，在經驗事實中能找到具體證據，而非僅抽象的思維。當然，這不意謂抽象的概念工具不重要，這一點在次節「歷史社會學的邏輯」中將會討論；第二，歷史社會學家對於不同社會文化的差異極感興趣，這點與本書的研究題旨很有關聯，因爲在韋伯的研究中已經明白表示，他對不同於西方社會文化的差異產生其研究意圖。他認爲，透過研究對象之間的比較，可以更明白爲何西方「進步」如此之快，而東方（尤其是中國）爲何「停滯」不前。當然，本書不否認經由比較，可以對社會現象看得更清楚。但一如Thompson所言，概念若與證據不停進行對話，經由實證研究所發現證據或許會擯棄先前的概念，或者重加修正；延續著第二點，在研究的過程中，概念（或理念型）與經驗事實不斷進行對話是相當重要的。簡言之，「對話」是「知識累積」的基石，但很可惜韋伯並未如此做。誠如高承恕所宣稱，韋伯在社會文化脈絡中，討論其「基督新教」與「資本主義精神」之理念型[4]，此言或許不虛。不過，韋伯絕非在中國歷史脈絡中討論其「基督新教」之「對應物」——即儒教倫理。也因此，這樣的歷史比較分析似乎無法達致所欲之目的。

一如同先前所定義的那樣，廣義而言，所有的研究都是歷史比較分析，它是「歷史的」，是因爲研究者必須解釋過去曾經發生過的事件，並且在絕大多數情況下，由於研究者必須觀察兩個以上的個案或事物，所以，它也是「比較的」。不過，James Mahoney和Dietrich Rueschemeyer卻不同意這種說法。他們認爲，並非所有的歷史分析或比較分析都可歸入歷史比較分析的範疇，但這樣的定義流於籠統。他們舉出三個特徵，並以此作爲所討論者是否爲歷史比較分析的判準[5]，這包括：（一）以「因果分析」爲邏輯；（二）強調「歷時性」；（三）所用的個案數目較少，並在個案之間進行「社會文化脈絡的比較」（contextualized comparison）。就上述Mahoney和Rueschemeyer所提出的三個特色而言，首先本書認爲歷史比較分析是以「因果分析」爲其特色，它與理念型的「選擇性的親和關係」極爲不同，因爲理念型並非是因果分析，而只是研究者基於其自身的「科學」訓練與價值偏好，再經由「片面強調」的過程，以突顯出某些觀點而已，這終究不是因果關係的分析。關於這點，韋伯在分析中國儒教與中國傳統法律體系時，在錯誤地將「親和關係」誤解爲「因果關係」時表現得淋漓盡致；第二，因爲分析的個案爲數甚少，所以在不同研究對象所處的不同社會文化脈絡中進行比較，這種作法才能顯出其「厚度」（thickness），正如華勒斯坦所言。但很可惜，韋伯對其重要的比較研究對象之中國，連歷史脈絡都不甚瞭解，怎能產生有厚度的比較。

另外，陳那波提出關於歷史比較分析的幾個特徵，包括問題取向而非理論取向、以因果分析爲邏輯、資料收集的多元取向、關注歷史的發展與演變、與在社會文化脈絡中進行比較等。本書認爲有幾點值得加以闡述。首先，歷史比較研究法是問題取向而非理論取向。陳那波說：

> 歷史比較分析不同於以理論爲中心的研究角度（theory-centered approaches）。相反，它試圖去描述少數幾個獨特的個案、發展模式和問題，進行謹慎的比較試圖尋找出獨

特性，提供建基於歷史之上的因果分析」。[6]

本書認爲，這種問題取向的研究途徑是可以理解的，因爲僅以少數幾個的個案爲比較對象，若執意探尋概括性、普遍性的話，則可謂困難重重，因爲每一個案都有其獨特的社會文化脈絡，且歷史比較分析又特別強調必須在社會文化的脈絡中進行比較才有意義存在。此外，歷史比較研究法對「大哉問」特別有用，過於複雜的社會關係也會使結論難以類推至其他案例；第二，雖然個案研究爲例證的稀少性所限制，但陳那波合理詮釋歷史比較研究法，提供了經驗數據和理論之間的對話，而這類的對話具有一般定量研究所無，卻是必須的強度。並且歷史經驗與理論（或概念、理念型）之間的持續對話，也能使理論更臻完善，透過新證據的發現，讓實證經驗更具說服力。

以上檢視三位學者關於歷史社會學的特徵，在此稍作總結。首先，Skocpol認爲，歷史社會學強調具體的事證，而非僅止於抽象思維，雖然抽象思維的確有其作用；第二，歷史比較研究對社會文化的差異性感到興趣；第三，透過經驗事實與理論之間的不斷對話，以達致知識的積累。

Mahoney和Rueschemeyer則主張歷史社會學以因果分析爲邏輯、強調歷時性，亦即要當心社會事件發生的先後順序，加之個案數目較少，以及將比較對象處於獨特的社會文化脈絡中。

陳那波則認為歷史社會學有以下特徵：包括問題取向而非理論取向、因果分析的邏輯、關注歷史變遷與資料收集的多元取向等。若以本書第三章關切的重點為「理念型」與「發展型國家」，筆者認為調歷史社會學的應當強調的主要特徵如下：第一，「比較」必須在比較對象獨特的社會文化脈絡中為之，如此才能得出有意義的解釋，研究者除應瞭解自身所處的社會之外，對於比較對象的歷史文化脈絡也應該充分明瞭，否則將難以「駕馭」龐大的歷史實證資料。諸如韋伯在面對中國的歷史那樣，捨棄內容豐富的史書與地方志，而去選擇概念工具理念型的操作，這使其理論與現實社會之演展脫鉤，進一步使得理論（或理念型）無法與（中國）歷史進行「對話」，難以增添些許Skocpol所言的「知識之積累」。

第二，不斷地進行理論與歷史事實的對話。唯有不斷地進行對話，才可能同時讓理念型與實證研究更趨向完美，就像先前所討論發展型國家「理論」或「理念型」的分析那樣，若為「理論」的話，其所強調的是因果關係，若是「理念型」的話，充其量也只是親和關係。先前我們已將發展型國家正名為一理念型，蓋因良善的國家機器與經濟發展兩者之間是親和關係，絕非因果關係。

第三，歷史比較法是因果關係的分析，此特點與理念型的「選擇性親和關係」迥異，本書作者認爲，韋伯誤解了自己相當熟悉的理念型，並將其「基督新教」與「資本主義精神」包裝成「因果關係」，但究其實，其內涵只是「選擇性」的「親和關係」而已。接著，我們討論歷史社會學的邏輯。

歷史社會學的邏輯

關於歷史社會學、歷史比較分析的邏輯，Skocpol和Margaret Somers指出三個比較歷史的主要邏輯，分別是：（一）宏觀因果分析（macro-causal analysis，鉅視因果分析）；（二）平行比較研究法（parallel demonstration of theory）；與（三）對照導向（歷史）比較法（contrast of contexts，文本比較法）。一般而言，這三種歷史比較法是可區分的，但是其邏輯經常是以成雙成對（pairs）的方式出現的，亦即研究者經常運用其中二者，形成了一個「變遷的循環」（cycle of transitions），將兩者交替使用[7]。因爲本研究關注在歷史比較分析與韋伯理念型之間的論戰，針對韋伯在其「歷史」比較研究中所著重的邏輯，本書在這裡只強調第三種邏輯——即「對照導向比較法」[8]，這種對照導向的比較歷史，其優點在於對研究的案例本身提供整體的、豐富的、完整的與按照時間先後記錄的描述；缺點是，這種概括性的理論不容易應用到其他個別的案例之中[9]。

Skocpol和Somers曾說：「比較歷史（comparative history）並非新的事物，其中一個原因在於：它吸引人之處在於其在觀察社會變遷之有效性，韋伯是其中一例[10]」。的確，韋伯在回答爲何資本主義只可能發生在西方？在同一個硬幣的另外一邊則是：爲什麼東方沒有資本主義發生的可能？後者也就是高承恕所言之「負面問題」。韋伯對自己提問了這樣的問題之後，他認爲接下來似乎只要找到一些中國儒教倫理有礙經濟行爲的文化價值，這就可以加以交待自圓其說了。因爲對韋伯而言，文化價值影響了一群人的社會行動，而社會行動是瞭解社會變遷的重要關鍵。不過，問題在於，任何一種世界上的「文化」都不難找到對經濟發展不利的因素，例如，拉丁美洲的人民不知道儲蓄的重要性，所以失去了累積資本的大好機會，但當今多數美國人習慣使用信用卡遞延付款，因爲消費的重要性遠遠大於儲蓄，那麼，爲何美國卻遠比拉丁美洲的任何一個國家國力更強盛呢？難道只是因爲不同國家、地區的人民對金錢存著不同的心態，產生了不同的社會行動？本書作者認爲，光是片面地討論文化價值如何影響經濟行爲、國家發展，是不可能看到眞相的。相對地，地緣政治的因素，例如殖民主義、美國霸權、布雷頓森林公約之後以美元爲全球交易的基準貨幣，惡名昭彰、聲名狼藉的世界銀行（World Bank）與國際貨幣基金（International Monetary Fund）在全球的恣意作爲、橫行霸道等等，恐怕才是問題的答案。

除了韋伯一開始就自問一個「錯誤的」問題之外，在邏輯上有個問題值得我們留心，那就是在歷史比較研究法中三個邏輯之一的「對照導向比較研究法」，這個邏輯與理念型有關。相較於「平行比較研究法」，雖然兩者都期望解釋力能更廣包，但「對照導向比較研究法」得需要兩個以上案例來突顯其差異性，因爲唯有如此才有可能加以「對照」（contrast）。爲突顯案例之間的差異性，這時理念型的「片面強調」恰好成爲突顯出特定性質的有利手段。從而「對照比較研究法」與理念型這兩個概念工具產生了關聯。另外，「對照比較研究法」還有一個更重要的特色，那就是每個案例都是「歷史的整體」（historical integrity as a whole），其要旨在於，無論是一個帝國、文明、或是宗教，都是無法化約的「整體」[三]（whole）。由此看來，我們嘗試猜測、拼湊，或者合理懷疑韋伯對中國（和印度）這一連串的「對待」，就因他想知道「進步的」資本主義爲何只可能發生在西方社會。

韋伯運用「對照比較研究法」的邏輯，這時他需要兩、三個具有「截然劃分」（clear-cut，涇渭分明）差異性的（宗教）案例——也就是基督新教、中國儒教，與印度教，接著爲突顯基督新教的特性，他透過理念型的片面強調，來陳述新教倫理的禁慾爲何與中國、印度不同。並且，對韋伯而言，社會行動是理解社會變遷的關鍵因素。新教的這一群人在禁慾下所產生的經濟行爲是不斷累積資本，再加上韋伯本人的價值取向，使他定意進一步地宣稱這群人的社會行動與資本主義精神之間有了「選擇性的親和關係」。雖然韋伯本人並未直說「新教倫理導致了資本主義的產生」，但這僅只是策略性的運用而已，因爲他「應該」很清楚知道理念型並非因果關係的分析，並且他堅信世界上唯有西方社會才有資本主義，那麼除了新教倫理之外，韋伯還告訴我們什麼文化價值、社會行動與資本主義有關？這豈非間接說明是新教倫理產生資本主義嗎？筆者認爲如此。但韋伯在處理資本主義的起源時，既是兩難，也似乎非得如此地做決定不可，因爲理念型並非因果分析，所以無法遽然宣稱是新教倫理導致資本主義精神的產生；另一方面，韋伯是歷史比較學者，在他不清楚中國歷史文化的脈絡下，當然難以舉出具體事證說明中國儒教的「出世」以及中國法律體系的「停滯性」。所以他只能選用「對照比較研究法」的邏輯，來「想像」新教倫理的特殊性及其與資本主義精神的親和關係，再「想像」儒教倫理僅僅是新教倫理的反例。因爲韋伯對中國這一研究客體並無廣博的知識，所以只能選擇這個研究「策略」。

我們曾提到過，歷史比較研究法關注於因果關係的分析，同樣地，Reinhard Bendix也持相同看法。他說：

比較分析應該更使我們深刻地理解社會情境，在此社會情境之中可以引導出更多精微的因果推理。在欠缺文本的深刻認識（亦即，不瞭解社會情境的狀況）之下，因果推理可能會導致出一種概括性的假象，但這種概括性卻是因果推理所不可能推導出來的。另一方面，比較研究也不能試圖取代因果關係，因爲它充其量只能處理少數幾個案例而已，而且，比較研究也不能像因果分析那麼地孤立變數（而這卻是此種分析所必須者）[12]。

如果按照Bendix的說法，韋伯使用「對照導向比較法」（contrast-oriented comparison）來比較新教倫理與中國儒教。然而，由於韋伯不大瞭解中國的歷史文化脈絡，導致他將因果推理誤認爲是因果關係，更弔詭的是，身爲歷史比較研究法先行者的韋伯，本身無法避開因果推理假象的誘惑；同樣地，身爲理念型概念工具的支持者韋伯，自己卻陶醉在選擇性的親和關係之中，而迷失在歷史比較研究法所強調之「因果關係」的叢林中。

此外，Barrington Moore認爲過度地想在「理論」上有貢獻總會帶來危險，過分強調歷史經驗事實能否符合理論的作法也將導致危險[13]。雖然理念型這項概念工具與理論不同，但實難不讓人懷疑韋伯有刻意將理念型的完美性視爲其最高目標的嫌疑，進而忽略實證研究。具體而言，韋伯對中國歷史缺乏深刻的理解。Moore的說法也支持本書先前所提到的，亦即韋伯僅用少數幾個例子是難以推論到世界其他區域所發生之全部歷史經驗的。

歷史社會學的潛在問題

除了上述與韋伯理念型較相關的「對照導向比較研究法」之缺點，與過度想建構出理論所可能導致的危險以外，歷史社會學之研究途徑、歷史比較分析還有以下可能會發生的四個問題，包括：資料的取得、證據的有效性、歷史比較研究與概念、理念型與理論建構的關係，以及是否具備比較對象足夠的知識等。本節簡略指出韋伯如何處理「理念型」與「歷史比較研究」兩者之間的關係，與稍加檢視韋伯「資本主義」的理念型，在中國歷史上是否同樣可以找到。並且在後面，吾人將會看到在中國歷史長河之中有個新的證據，也就是中國資本主義、進步的法律，正載浮載沉著，我們要將把它們一一打撈上岸。

首先，在資料的取得與使用方面，社會研究者經常使用次級資料來源、專業歷史學家所撰寫的專書與論文，把它們當作過去情況的證據。不過，次級資料可能會有問題。例如Skocpol認爲，這項資料的使用並未系統化，「比較歷史社會學家對有效使用次級資料所得到的證據之明確規則與程序，迄今尚未得出共識」；此外，次級歷史證據的限制還包括有歷史解釋不正確的問題，以及研究者有興趣的主題可能乏人研究等[14]。不過，筆者認爲最後一個「問題」，也就是沒有既有文獻可供參考，或許不算問題。另外，韋伯認爲歷史研究本身也是個理念型，它包含了研究者選擇的過程，但研究者的選擇程序是不透明的。歷史社會學家必須從所有可得的證據中選取若干資料。誠如Edward H. Carr所指出的觀點：「歷史是一個依據事件的重要性之選擇過程……歷史學家從無限的事實之海洋裡頭，選出對其目的有特殊意義的事實」[15]。當然，韋伯自不例外，他必須從大量的歷史資料中，找到符合其理念型的事實，但筆者以為至少他應該試著去反證（falsify）那些不符合其理念型的經驗事實為虛假，或者回過頭來修正其理念型。但很可惜，他以簡化的「證據」，來突顯西方法律的「進步性」。本書稍後將以實例證明，中國早在唐、宋時期的法律體系內即已存在著當時最進步的法律條例。

第二，關於證據的選擇與其有效性方面，歷史比較研究與田野調查不同，其獨特性在於歷史社會學的證據通常是有限，且是間接的，因為研究者通常無法直接觀察或親自參與。在過去交通不便的情況下，田野調查的困難更高。歷史比較研究者則嘗試從證據中重新建構已經發生的事。與此同時，他們難以對自己的重新建構歷史具有絕對的信心。當然，任何的研究者總囿於不同因素，只能力求客觀、盡可能趨向科學訓練之要求。因此，在證據的效度上，研究者除了透過嚴格的科學訓練之外，不斷地進行實證研究，來發掘新證據，再透過其與概念、理念型和理論之間的對話，修正錯誤或彌補不足之處。就像Skocpol所說的，若能訂定出使用次級資料的明確規則和程序的話，對於提升歷史證據的有效性方面，應當能產生若干程度的助益。

第三，在歷史比較分析與理念型的關係上，Neuman引用了Stephen Kalberg的見解，他說：「社會學家Weber在其歷史比較研究中，採用的便是一種原型的多因取向。他的解釋給予文化因素與經濟、人口、或社會結構因素同等的加權比重，他的研究取向藉由理想型——既非一個演繹而得的正式理論；也非一個針對某個特定問題歸納而來的理論——而是使用一組共同的因果因素來進行分析」[16]。關於這種說法，本書作者持保留態度。雖然韋伯在著作中常運用理念型，但其操作並非毫無問題。在韋伯極其熟稔之西方社會的分析中，他對理念型的運用幾乎可以說駕輕就熟，即使尚未達到爐火純青，也已經是出類拔萃、鶴立雞群；另外，本書同意Kalberg與W. Lawrence Neuman所宣稱的，對於西方社會而言，韋伯的研究確實呈現出多因取向[17]，雖然他未必給文化、經濟、人口與社會結構相同的權重，但這或許是應該的。而對於東方的中國（具體而言，明、清時期的長江三角洲），其人口、經濟活動、生產關係、海外貿易、社會結構與城市發展，甚至是韋伯認爲將大大地影響經濟行爲的文化因素等等，他究竟花了多少時間與心力在專研？本書認爲，除了可能（部分地）影響經濟行爲的文化價值之外，韋伯對於中國的描繪與解釋上，運用他在西方社會的「多因取向」，到了分析東方社會卻讓人完全霧裡看花、難以捉摸。簡言之，韋伯的歷史比較分析對中國的研究並非採用多因取向，這也導致他在理念型的操作上無法與經驗事實進行對話。

第四個歷史社會學可能產生的問題是，研究者是否對其比較對象擁有足夠的知識。一般而言，歷史比較研究者除了自己的國家、所居住的地區相當熟悉之外，還必須對比較對象具備廣博的知識。如同Barbara Tuchman所堅信的，在閱讀歷史比較研究、在建構立基於研究者所重建的「歷史」之上的鉅觀理論時，研究者經常遇到的困難是，讀者必須對過去的歷史或其他文化有基本的認識，才能充分瞭解這些研究[18]。但筆者相信，更重要的是，如果讀者沒有這些廣博的知識時，那麼，他們也就只能相信研究者對其比較對象有「充分理解」，以此完成一篇篇的論文，誠如David Lowenthal所言，讀者似乎也只能經由研究者的眼睛來觀察世界。但很不幸，如果研究者本身缺乏比較對象的背景知識，那麼讀者最終只能得到錯誤的知識[19]。萬一研究者本身（再以韋伯為例，因為韋伯是歷史比較研究者）對比較對象（中國，或者再加上印度）並無完整的知識背景的話，那麼，讀者如何對其他的文化能有基本的認識呢？很可惜，在華文世界中，韋伯的眾多讀者們竟然大都受惑於「理念型」，對韋伯不瞭解中國的史料與文化背景這個事實選擇原諒或根本視若無睹。同樣的情形也發生在發展型國家「理論」（應正名為「理念型」）上，但這個部分應該責怪其追隨者，而非韋伯本人才是。

除了以上四個歷史社會學的潛在問題以外，一個歷史社會學與理論（或稱鉅視體系grand systems）有關，這觀點也能連結到Moore的看法。他認為，假使研究者想強將歷史事實納入理論之中，極可能產生扭曲歷史眞相的負面效果。與Moore的主張相似，Mildred Schwartz並非擔心解釋的內容有何問題，社會變遷是否爲演化論觀點，而是擔心社會學家「研究歷史來建立鉅視體系，但最後卻以扭曲歷史眞相告終」[20]。

綜合前述，首先視韋伯的理念型及其「歷史研究」兩者間的關係，接著略從歷史資料中找出新事證，來推翻韋伯認爲在中國不可能產生資本主義的說法。韋伯當然是社會科學領域中使用「理念型」最有名的學者，有別於大多數人的看法，筆者認爲韋伯自己也因爲理念型——「新教倫理」、「儒教」與「道教」，反而使他難窺東方世界的眞實樣貌。這個說法對韋伯而言，似乎是個不小的諷刺，因爲韋伯同時也是一位歷史社會學、歷史比較研究的先驅，但他被上述歷史社會學的幾個潛在問題所誤導。例如，在中國浩瀚的歷史長河之中，韋伯只舀幾瓢水，喝了幾口，就告訴我們這水不是資本主義的味道，因爲它不同於西方。然而，韋伯可能忽略一個事實，在中國歷史上，記錄著各個地區政治、經濟、社會、生活與文化的「地方志」相當完備，是人類歷史上所罕見的。各地方的工藝品、其生產、運輸、海外貿易、人民的消費、生活方式與娛樂等均詳實地記載在歷代的地方志，提供學者內容翔實、數量頗多的研究資料，經由資料的整理與分析，理應能發現事實的眞相才對。

相較於「理念型」的操作，做爲「新教倫理」相對物的「儒教倫理」，韋伯在其理念型的操作下，不是竭盡所能地與經驗事實對話來修正理念型，反倒忽視中國地方志所承載的歷史事實，與其因果的分析。如此一來，中國的儒教倫理反而變成「去歷史性」的新教倫理「理念型」的對應物。相較於西方的「進步的」、「理性的」、「可預測的」，中國的傳統法律體系則是「停滯的」、「落伍的」以及「難以臆測的」制度。換句話說，對韋伯而言，在儒教影響下的中國，無論發生在何時、何地的事件已經不重要，也就無需再用因果關係加以分析。

在前面的討論中，吾人知悉韋伯利用「對照導向（歷史）比較研究法」來突顯新教倫理與中國儒教之間的差異性，卻忽略此種比較法的缺點，即對照導向比較法並不能用來代替因果關係。本書作者相信，正因爲如此，韋伯誤以爲自己找到了因果關係，而在未充分檢視中國歷史之前，他宣布已經發現了西方爲何產生資本主義的原因，而在東方有資本主義充其量也只是短暫地萌芽，西方法律體系爲何進步而東方的中國則自秦朝開始就處於停滯或落後的狀態。可惜的是，韋伯心中「完美的」理念型必須由其反例來成就，具體而言，新教倫理這個理念型「只能」經由它的反例——儒教倫理來完成。因此，中國這塊土地，或明、清時期的江南到底發生過哪些事，就顯得不再重要。重要的是，如何證明儒教倫理的價值取向如何引導一群人專事個人修行卻不事生產，進而阻礙資本主義萌芽，韋伯認爲他透過操作「理念型」來「解釋」資本主義何以不可能發生在中國，但弔詭的是，韋伯「必須」忽略中國歷史事實，或者必須加以「扭曲」，否則他的「理念型」將缺乏操作性。

現在，且讓我們潛入中國歷史的長河深處，來找尋新的證據。

原始資本積累對於資本主義的發展是必要條件，但難道有幾千年歷史的中國不曾累積過資本嗎？或許只是它的方式不同而已。比起西方向海外擴張、搶奪原住民土地、販賣奴隸等作為，在中國曾以高利貸累積資本的方式也並非那樣不高尚。在歷史中商人曾發現，透過勾結宦官以進行兼併土地，高利貸是極有利可圖的行業[21]，並且使商人將大部分的資本投注其中，這使不少學者認為資本主義確實曾經在中國萌芽，但因為中國係受「封建制度的制約」，而使得類似西方的資本主義好不容易在中國這塊土地上萌芽，卻在「封建主義」這樣的「理念型」——相對於西方「資本主義」的自由、包容、理性、科學主義、可預測性等等抽象的概念組合[22]運作下，導致東方（尤其是中國）的學者傾向於選擇相信中國古代、近代歷史上只存在過「封建主義」，而幾無資本主義的產生，即使資本主義曾在某個角落出現過，卻因中國封建主義的頑強性格，而在萌芽之後迅速萎縮[23]。這使得許多學者相信，中國所謂的「現代化」在一八四〇年鴉片戰爭之後，一連串西方列強船堅砲利的欺凌之下，經由學習西方的典章制度之後才開始的。更有甚者，黃宗智主張，從十四世紀到二十世紀長達六百年的期間，中國歷史上最富庶區域之一的長江三角洲，也就是資本主義最可能誕生之處，在十九世紀中葉與英格蘭的生活水準相當的地區，但在這裡黃宗智卻只看見了農民終年努力工作，卻還短缺三、四個月的米糧，江南當地的居民「必須」等到英國人遠渡重洋而來之後，才開始了其「現代化」的進程[24]。但到底什麼是資本主義呢？

雖然本書的主旨不在探究資本主義到底爲何物[25]？是一種組織？抑或一種制度？它到底從何時開始？但在本書先前的討論中歸結出以下的特質，爲韋伯所明示或暗示出來，這包括「理性化與專業化」、「計算獲利與累積資本」，另外兩個則是與工作倫理有關的「視勞動爲義務」、「責任感」，最後是「形式理性的法律」——這個理念型，因此，或許在此簡略討論資本主義是有助益的。學者黃仁宇認爲英國馬克思主義者Maurice H. Dobb所撰寫的《資本主義發展的研究》（*Studies in the Development of Capitalism*, 1963）一書中的分類頗具啓發性。他在書中將研究資本主義之著作分爲三類，第一類爲資本主義一行，工人在市場上出賣其勞動力之後對其產品無權過問，此即馬克思學派的說法；第二類注重資本主義精神，韋伯大力讚揚此精神在西方社會的獨特性；第三類則注重資本主義的技術性格，強調資本主義與遠距離、大規模之商業密不可分，同時也強調資本主義的壟斷特質，商人利用各種管道手段合縱連橫、巧取豪奪，企圖「干預」市場，乃至獨占市場。黃仁宇認爲這三類都不適用於中國，其理由爲「中國固然無西歐近代靈活之商業，其商業又較歐洲中世紀之封閉情形爲優勢，其工人不能過問製成品，早已有之，但未產生資本主義。Weber認爲儒家倫理即阻礙資本主義之發展，亦爲太過。孔子……僅在『不義而富且貴』之條件才視之『如浮雲』。」至於在批評第三類時，黃仁宇認爲，Fernand Braudel爲其代表人物，但他卻只批評Braudel錯將湖南省視爲沿海省份，以及中國在清初的一六四○至一六八○年間爲蒙古所征服的錯誤[26]。

黃仁宇爲資本主義做以下的定義，他說：「我們先認爲資本主義一行，資本廣泛的流通，經理人才不分畛域的使用，技術上的支持因素如交通通訊，法庭之律師的服務，以及保險業等全盤活用……所以資本主義是一種組織和一種運動。以上三個條件全靠信用（trust），而信用不可能無法律之支持，所以資本主義之展開，各有國界，其所以行得通，亦即當中內部的各種經濟因素都能公平而自由的交換……我們用此假說，推論到今日公認爲資本主義的國家上去，取其能全部適用」[27]。但黃仁宇的定義也有缺失，因爲像是「經理人才」、「交通通訊」、「律師服務」等似乎只存在今日人力、資訊與資本快速流動的，在幾個世紀以前，經理人才大概很難在全球自由流動才對。亦即，黃仁宇拿「今日」資本主義來與韋伯那個時代相比較，這點頗令人費疑。不過，更令人百思不解的是，黃仁宇「公平而自由的交換」的論點，恰巧與韋伯期待「形式理性的法律」所導致經濟行爲的「可預測性」有異曲同工之妙。因爲只有在商業契約得以確立，才可能產生公平且自由的交換行爲。另外，黃仁宇也主張「在數目字上管理」[28]，這條件大致等同於韋伯的「計算獲利與累積資本」。簡言之，黃仁宇雖然不滿意韋伯對資本主義的定義，但其定義不僅無法應用於過去，並且其觀點實與韋伯相去不遠，並無標新立異之處，這實難讓人看出黃仁宇反對韋伯的哪一點？這或許，韋伯所代表的第二類資本主義的觀點並非如黃仁宇所認定的那樣沒有意義，只是韋伯過於重視文化面向而昧於歷史事實，究其實乃因韋伯認爲，即使是歷史研究也是「理念型」[29]。總之，文化觀點的研究有其重要性，但不宜過分強調。或許，韋伯的方法論裡面更大的問題在於，爲了追求理念型的完美，因此將許多重要的歷史事實棄而不顧，也因此本書有意藉著「帶回歷史」，來找回韋伯失去的歷史事實。

帶回歷史：儒教倫理與資本主義精神的「親和關係」

事實上，理念型不應該是「去歷史的」，而是不斷與經驗事實進行對話，惟有如此才可能使得理念型更趨向完美。但歷史比較研究的先趨者韋伯在操作他極其熟稔的理念型時，卻「反常地」幾乎不與歷史進行對話，特別在研究中國的歷史之時，雖說或許他對中文書寫的歷史史實有無力感，但這不足以合理化其理念型操作時所發生的瑕疵。本書所強調的歷史結構之研究取向，或者正可以補足韋伯操作「去歷史的」理念型時所存在的缺點，如欲彌補此一「去歷史的」理念型之缺失，進一步修正、並加以補充，當然最好的方法應該就是帶回歷史（bringing history back in）。

本小節首先證明儒教倫理與資本主義精神之間存在著親和關係，但這並非意謂前者導致後者，而僅欲突顯韋伯的資本主義精神未必只能夠存在於西方社會，一如新教倫理，儒教倫理與資本主義精神也同樣存在著親和關係。進一步以更多歷史經驗事實說明，中國傳統法律絕非如韋伯所想像地停滯不前、落後、難以臆測，剛好相反，中國「傳統」法律有其進步性與可預測性。

或許資本主義無論如何也不可能發生在進步的西方社會以外之處，但在儒教倫理深遠影響下的明、清時期，當時已經具備高超的生產技術，尤其在絲綢、棉、瓷器的製造上，深深擄獲居住在「進步的」西方社會的居民的心，當然，也賺取不少白銀——當時國際貿易主要的交易媒介，其地位應該與今日的美元相差無幾。這一來使長江三角洲的市鎮蓬勃發展，城鎮數量越來越多，人口十分稠密。最重要的是，過去在當地得要能提供足夠的工作機會，否則難以養活那樣多的人。

韋伯告訴我們，人類的歷史最好由「社會行動」來解釋，若不瞭解社會行動者的內心世界，就難以理解行動如何產生。爲了釐清資本主義爲何而興起，韋伯要我們思考信奉新教倫理的這群人，他們內心的緊張與煎熬，如何去塑造其工作倫理，督促他們不斷掙取金錢，不斷透過「理性化」的過程，讓成本的管理、讓管制商業行爲的法律更臻完善，進一步合理化其經濟理性行爲，於是資本主義精神就在喀爾文教派的信徒身上找到了。但歷史發展告訴我們，很恰巧，從十六世紀末開始，在明朝與清朝的長江三角洲同樣有一群人極爲努力地工作，生產了大量的品質良好的絲綢、棉花、瓷器等，他們也同樣賺取許多銀錢。

在過去，西班牙以墨西哥爲海外根據地來統治菲律賓（呂宋），因應帝國內部統治的需求，必須加強美洲與菲律賓的聯繫，所以當時以大帆船（galleon）航行於美洲與菲律賓之間。長江三角洲與東南沿海的商人到菲律賓和遠從美洲橫渡太平洋而來的西班牙人貿易，這樣的貿易關係延續了將近二百五十年，爲明、清的「國庫」賺進不少白銀。據估計，自西元一五七一年（明隆慶五年）至一八二一年（清道光六年）的二百五十年之間，從美洲運到菲律賓的白銀大約是四萬萬西元，其中半數流入中國，但全漢昇認爲這個估計值可能低估。另外，法國歷史學家Braudel在他的《貿易之輪》（*The Wheels of Commerce*）中，認爲在一五二七至一八二一年間，美洲出產的白銀至少有半數流入中國[30]，他認爲，美洲白銀大量流入中國是可信的，因爲白銀在中國的價格較高，同樣一兩黃金在美洲換到的銀子，大約是在中國換到的兩倍。根據匯兌的基本定理，美洲的銀子會大量流入中國，以換取更多黃金和商品[31]。

然而，在這個背景下，黃宗智卻主張生活於長江三角洲無數的小農們非但不爲了享樂，那裡的小農終年勞動，只是爲了衣食所需而已。而且，即使在努力工作之後，每年總還有三、四個月仍然處在缺少米糧的窘境之下[32]。然而，黃宗智忘記了這可能是因爲農民是因爲從事桑業的種植，而占據了大部分的耕地之後，造成當地米糧種植的減少所致，農民選擇種桑樹既是理性的選擇，同時也是專業化所致。

然而，歷史是怎麼說的呢？關於蠶桑的種植及培育，事實上，早在宋朝，蠶桑已在經濟生活中占有很重要的地位。位於浙江的湖州即以生產湖絲著稱，當時已有「遍天下」之諺，倪思所撰之《經鋤堂雜誌》提到：「諸利俱集春時蠶利」，「富家有種數十畝」，「富室育蠶有至數百箔，兼工機織」[33]。到了明朝，湖州各縣已遍植桑樹，就連房屋周圍咫尺之地也都充分利用，「湖民力本射利，計無不悉，尺寸之堤，必樹之桑，……富者田連阡陌，桑麻萬頃」[34]。「桑葉宜蠶，縣民以此爲恒產，傍水之地，無一曠土、一望郁然」[35]。以崇德縣爲例，此地本是江南糧倉，盛產稻穀，但每年卻缺少四個月的口糧，需以蠶桑收入來貼補，「公私仰給惟蠶息是賴，故蠶務最重」[36]。再以清朝烏程爲例，「漕糧之重，猶甲於通省，力田不足以事畜，於是以絲佐穀，無尺地不桑，無匹之不糧」[37]。從以上地方志的記載，可知在中國歷史長江三角洲的農民確實曾經缺少米糧，但並非如黃宗智所言是因生活太苦，乃因理性的選擇與專業化的結果（而這不正是韋伯所認爲的資本主義之特質？），因爲植桑、養蠶與收繭的利潤更豐，足以購買更多的糧食。

執是之故，或許江南同樣也有一群人長期在儒教倫理的薰陶之下，產生「類似」於資本主義的工作倫理。但除了「工作倫理」之外，還有什麼是「韋伯式資本主義」所需要的條件呢？對韋伯而言，社會行動是指一群人在社會互動中的行動傾向，故此一定有一群人從內心自發性地形成適合資本主義特徵的生活型態。雖然韋伯很難用三言兩語就定義出何謂「資本主義精神」，但本書在第一章就已討論過，至少從《新教倫理與資本主義精神》一書中，可以看出四個因素是構成資本主義所不可或缺者。前兩項與可預測性有關，包括：「理性化與專業化」、「計算獲利與累積資本」，另外兩個則是與工作倫理有關的「視勞動爲義務」、「責任感」等因素。以下分別討論。

在儒教影響下，明、清時期的中國是否也能找到這些資本主義的「特質」，並以中國歷史的證據來說明韋伯爲操作「理念型」，而忘記深入去瞭解中國在特定的時空背景、社會結構下確實經發生過，卻被韋伯所忽略的史實。首先，明、清時期的經濟發展當中，是否可以從商業活動中找到「理性化與專業化」與「計算獲利與累積資本」這兩種相互關聯的特質？本書認爲，強調經濟行爲受到文化價值影響的學者，無可避免地將遭遇一個難解的問題，因爲「文化」包羅萬象，所以要在特定的文化當中，例如基督教文化、伊斯蘭文化、儒教文化等，找到某一個或某幾個有利於經濟發展的特質，並非難事，因此其解釋力將遭到挑戰。

先前我們提過高利貸一事，事實上，追求更高利潤的行爲可視爲一種理性化的過程，筆者相信連韋伯也不會反對這種說法。明朝（甚至更早），由於理性化的過程，在經過理性思考、充分算計之後（易言之，就是「可計算性」、「可預測性」），中國商人老早就知道要將資本投入回報率最高的高利貸事業，雖然這對提高製造業的邊際生產力並無助益。但如果理性化過程的特質之一是經由計算，而找到能最快速累積資本的方法，那麼，在儒教倫理影響下的中國也能找到同樣的特質。在十六、十七世紀手工業生產活動中，以高利貸方式將貨幣貸予手工業者的情形可說是相當普遍。這種借貸式的生產在紡織業、種蔗榨糖業、燒瓷業、造紙業、製鹽業等等算是常態。

在《贛州府志》上頭記載，江西贛州地區生產苧布，當地農民向福建商人借貸，福建商人「於二月時放苧錢，至夏秋則收苧以歸」[38]。另廣東開糖坊者「春以糖本與種蔗之農，冬而收其糖利」[39]。還有，福建、廣東海商攜銀至廣州，「攬頭者就船取之，分散於百工之肆，百工各爲服食器物償其值」[40]。

從以上記載可以看出，福建和廣東的商人們在競爭的壓力下，於是「理性化」與「專業化」成爲市場上取得優勢的最佳利器，江西贛州的農民專事於苧布的生產，期間向福建商人借貸所需的資金。因爲福建從事借貸生意的商人在專業化與激烈競爭之下，有能力提供贛州農民既豐沛且最便利的資金，並收取相對較低的利息。惟獨在利息成本較低時，才可能讓贛州的農民願意向福建商人借取生產苧布所需要的資金。這樣看來過去和現在的差異不大，本書認爲，在過去這只是不同地區商人「專業化」——即福建與廣東資金借貸業的呈現，和贛州農民之「理性化」的選擇而已。韋伯在新教徒身上所看到的資本主義特質——「理性化」與「專業化」，同樣也出現在江西的農民，與福建、廣東的商人身上。

另外，專業化也意謂是否藉由「分工」與計算「利益」相較之後所衍生出有利的生產方式。還有，專業分工同時也代表著限制干涉職責以外的事。明、清時期蠶桑業商品生產活絡，促使該產業的專業分工達到十分細膩的地步，而分化出專營桑葉、桑秧與蠶種的經營者。明、清時期已經有了專門種植桑樹，例如，「嘉、蘇一帶的桑農葉戶將桑葉送到烏青石門等市鎮上的桑市、葉市上，葉行中出售。……栽桑百株，成蔭後，可得葉二、三十石，以平價計之，每路五、六百文，獲利已不薄矣」。另外，養蠶戶當中也分化出專鬻蠶種者，因爲蠶種的好壞攸關收繭收益的良窳，因此養蠶戶是很講究蠶種的，「湖州一帶著名的蠶種有……白皮種、三眠種、泥種出千金、新市諸處。……有以賣種爲業者，其利浮於賣絲……每幅紙小者値錢千文，大者千四、五百文」[41]。從以上例證看來，明、清時期蠶桑業的生產過程當中已經可以清楚看到，專業化這個資本主義精神的特質，其蹤影已經出現在儒教倫理薰陶之下的中國。當然，上述關於「理性化與專業化」的證據，也可用來證明「計算獲利與累積資本」這個特質，因爲前者可視爲手段，後者則爲目的。

先進的中國傳統法律

「傳統中國法」有別於二十世紀之後，受到西方法律文明影響的近、現代中國法。傳統中國法也被稱爲「中國帝國法」。如果從該法傳播到日本、韓國與越南等地而論，則也可以稱之爲「東亞法系」[42]。先前本書已提出（或許被較有水準的社會學家認爲不登大雅之堂的）宋代屍體檢驗的行政流程與司法救濟途徑，藉此來反駁學者認爲中央集權的傳統中國地方官員不受監督的說法，也討論宋朝的「編敕」，以及清朝的「成案」、「審轉」制度，以說明傳統中國法律絕非如韋伯所稱的「停滯」。行文至此，讀者或許已逐漸認同筆者的說法。但爲加強韋伯理念型應該持續與經驗事實對話，因此再舉些例子，將「歷史」因素帶回分析當中，試圖藉此找到韋伯在操作「理念型」之後，卻「找不到」的具體事證。

王泰升探討傳統中國法律文明的特色。他說，傳統中國法所指的是「漢族之法」，它的由來是源於西元前二二一年，秦始皇在古稱「中原」的漢族居住地建立大一統的帝國之後，為實施中央集權，而總結春秋戰國時代的法律經驗，而制定出「秦律」。秦律的規範方式與其作為君王駕馭臣民工具之本質，一直沿用到清朝統治末期為止，中原各朝代法律或許有些微差異，但大抵仍可視為單一的法律體系，稱之為「傳統中國法」。

本書認為，由於韋伯可能為了「片面強調」，以突顯中國法律體系的落後與停滯性，於是「選擇」秦律的規範方式沿用到清朝末年並未產生本質上的改變這個「歷史事實」，以此來「對應」西方法律的進步性。若運用「歷史結構的研究取向」，從歷史當中找到實證資料，再回過頭來質疑「理念型」在操作的過程中所忽略掉的史實，相信「理念型」應該能更加完美才對。但很可惜，韋伯並未如此做，反而選擇藉由「去歷史性」的理念型的操作，而迷失在過度化約的歷史當中，而以為他已經發現了東、西方文明的根本差異。此外，西方獨有的「形式理性的法律」，對韋伯而言，這一法律的形式理性化是資本主義產生的必要條件，本書在前面便曾質疑過這個說法。

事實上，韋伯的對比式理念型之概念建構，並非只見於新教倫理與資本主義精神和其「對應物」，也就是儒教倫理與「非」資本主義精神之間而已。的確，韋伯將西方文化的二值邏輯、二元對立的思考方之發揮得淋漓盡致。

不僅如此，林端教授指出，韋伯為要突顯西方社會法律的獨特性，在「選擇性的親近」「篩選」變數之下，使他刻意強調作為對比類型的代表——中國傳統社會的法律。具體而言，西方社會的法律係爲「法律的形式邏輯」，也就是以「形式的─理性」爲主要特徵，是進步的、現代的與理性的。相較之下，中國法律不重視形式邏輯，而重視實質公道，倫理色彩濃厚，也就是以「實質的─不理性」爲特徵，是落後的、傳統的與非理性的。另外，韋伯似乎還忽略西方社會中同樣存在著民間習慣與常規，過度強調西方制度法的重要性。並且他過度強調中國傳統法官的自由裁量權，與西方法官強調法規的拘束性。對照之下，看似主政者能在中國法律下爲所欲爲。

在概念建構上，吾人難以摒棄韋伯強調西方與中國兩極式的差異，這確實有助於兩種不同特性的對比。然而，在特殊概念建構下對經驗事實的「理解」不僅不等於經驗事實本身，更有甚者，與分析資本主義的起源與特質相似，爲突顯西方法律的獨特性，也爲了說明西方與中國的兩極差異性，於是韋伯宣稱，整個中國法律體系自秦、漢之後是一成不變的，是「實質的─不理性」之司法體系[43]。簡言之，在韋伯的理念型操作下，中國法律「必須」一直處於停滯態，從秦朝到清朝都維持在傳統法的階段。

事實上，多值邏輯（多元格局）是中國法律體系的特色，諸如官府制定法與民間習慣法並存，家族、行幫、宗教團體與村社組織等，各自有其組織、規章與制度，而這些業已制度化的規則，可在不同程度上被目爲法律[44]。中國自秦朝（西元前二二一年——西元前二〇七年）、漢朝（西漢，西元前二〇二年——西元九年；東漢，西元二五——二二〇年）以來，歷朝均以成文法條制定出「律」和各種典章制度。歷朝中以唐律爲集大成，明、清兩朝的律則與唐律相似。亦即，傳統中國法體系自秦朝開始大致底定，這應是高度文明的展現，而非法律的僵化才是。王泰升進一步指出，人民日常生活上的眾多事務，在上述律典中找不到相關條文，於是部分律例就不得不藉由自然形成的不成文之民間習慣來加以規範。

另外，中國古代的「律」、「例」一般止於州、縣官府，平民百姓多半未能理解其中內涵。此時，民間各種的基層組織扮演起傳遞法律的重要功能。這個說法呼應了梁治平所指，中國法律多元格局之說辭[45]。當然，傳統中國法並非沒有不足之處，例如偏重於「刑」而無「民」事法典，行政司法不分等等，這兩者可能會被韋伯及其支持者大加引用，以「證明」傳統中國法的停滯性。若就法律的實質面探究，傳統中國法雖無獨立的「民事」法典，也無類似羅馬法「民事」的概念，亦然也就沒有民法法典可言。

換句話說，羅馬法的「民事」概念在傳統中國法是不存在的。但是，在明、清成文法典的官府制定法中，確實也存在有一些關於「戶婚田土錢債」的相關規定，當中涉及今日所界定的民事事項。例如戶律婚姻門（男女婚姻）條：「……許嫁女，……輒悔……，笞……杖……，追還財禮」。戶門錢債門（違禁取利）條：「……負欠私債違約不還者，……笞……，追本利給主」[46]。傳統中國法視司法審判爲一般政務，以今日的話語來說，就是「行政司法不分」。在欠缺權利概念之下，人民無法請求官員非依規定行事不可，而只能敦請官府爲職權之發動。或許這是傳統中國法與西方法律體系較爲不同之處[47]。但筆者認爲，此係因中國以儒家「禮教」爲主的法律，強調倫常、群體與義務，而有別於西方個人主義的法律，強調權利義務之間的關係。但不能以此證明傳統中國法之停滯性。

學者Charles Ragin與David Zaret曾討論涂爾幹（Émile Durkheim）與韋伯兩位社會學家的歷史比較法。他們主張涂爾幹和韋伯在研究當中所使用的策略確實有幾個差異，包括分析單位、邏輯與因果關係的形成等。這篇文章有幾個特點值得我們留意[48]。

第一，Ragin和Zaret認爲，對於涂爾幹和韋伯而言，他們的比較研究都提供方法，以解決在社會研究中如何在複雜性當中找到概括性；第二，他們相信，社會學家能使用「理念型」來完成對於歷史分歧之「有限度的概括化」過程（limited generalization）；第三，因爲理念型與實例之間的比較能夠幫助研究者充分瞭解分歧的歷史發展，這使得理念型在歷史的獨特性與法則概括性兩者之間占據有力的位置；第四，韋伯堅信「在缺乏理論旨趣之下，複雜的社會實體是不可能理解的，而這種理論旨趣正是引導其建構出片面（或作：單方面）概念的緣由」[49]。所以，「在韋伯式研究中，每個概念經常蘊涵著理念而被建構出來」。正因爲刻意強調「片面」，韋伯式研究「總是」（或至少是「經常」）用「理念型」直接套用在事實上，以呈現出較爲極端的版本，而且刻意去強調有益於理論建構的特徵[50]。既然我們知道韋伯刻意強調對理論建構有助益的歷史事實，倘若不適當處理的話，便容易「不小心地」忽略掉其他看似較不重要的歷史事實。這令我們相信，韋伯就是在如此堅信於「理念型」的態度底下，「選擇」相信傳統中國法自秦朝起至清朝爲止都是處於停滯不前的狀態。

在韋伯所處的年代，西方世界無論在自然科學、社會科學領域方面，或許領先世界其他地區許多，然而韋伯爲了解釋、並突顯西方社會相對的優越性，他建構出「新教倫理」、「資本主義精神」，以及資本主義所需要的法律，並且是只有「進步的」西方社會所能產生出來之「形式理性」的法律，才能避免價值的選取（亦即價值中立），以達到經濟行爲的「可預測性」，這是資本主義不可或缺的條件。在非西方的其他地區，例如韋伯經過操作「理念型」之後所瞭解的中國，絕無存在著出現資本主義的可能，因爲傳統中國法是停滯的、經濟行爲無法預測、人民的財產不可能獲得適當保護。由於理念型不可避免的「片面強調」，使得韋伯便宜行事地「篩選」歷史「實例」，像是「士、農、工、商」中，商人位列四民之末，像是儒教以個人修身爲主，透過「禁慾」的修爲只能讓個人提升精神的層面，而無法像新教徒一樣，透過「禁慾」來累積資本，最終促成資本主義誕生。

然而，如果韋伯肯多花點時間來瞭解傳統中國法，他不只能夠發現「可預測性」，還可能會發現在古代中國、明朝、一八四〇年代以前的清朝並非如韋伯、黃宗智與其他學者所認為，中國的「現代化」得遲至鴉片戰爭之後，英國與其他列強用槍砲所帶給中國的「禮物」。事實上，遠在唐（西元六〇八至九〇七年）、宋（西元九六〇至一二七九年）時期，中國就已存在相當進步的法律觀念。以中國法律的實質面來觀察唐、宋時期國法律的進步性，包括唐朝時對外國人的人身保護、鼓勵外國人來唐定居的優惠，以及宋朝對殘疾人的社會保障、婦女離婚或再婚時妝奩的保障等。相信如果韋伯不是如此執著於操作「理念型」的話，他也應該能逐漸發現傳統中國法的「進步性」，而非其「停滯性」。

唐代是中國對外交往頗為活躍的時期，根據《唐六典》卷四記載，從貞觀到開元年間，是唐代「外交」最為興盛，大約與三百餘國有往來，而長期保持友好關係的則有七十餘國。唐朝作為東亞政治、經濟與文化中心，每年都有許多外國人來學習、生活、經商與遊覽，而作為當時「世界都市」（"world" city）的長安、洛陽、廣州與揚州等地，更是常年生活著許多外國商人。是故，如何維護國家主權，處理涉外關係，保護外國人在唐的正當利益，是唐朝立法的大事。大致上，唐朝「政府」對外國人的人身權與財產權保護的相關規定，大體上與本國人民並無太大差異。自唐朝建立以來，其政府對於在華外國人賦予和本國民眾同等的權利，外國民眾和商賈在唐有居住、遷徙、內地遊覽、經商、信仰本民族宗教以及境內娶妻生子等各種權利。為尊重不同民族之風俗民情，唐代在外國人居住稠密的地區設立「蕃坊」，令其居住。另外由蕃坊中的外國民眾推選出最有德望的一、二人作蕃長，凡蕃坊內發生爭議，由蕃長主持解決。這是爲了照顧到這些商人的風俗習慣，坊內的外國人也可以自由信奉本民族的宗教。爲了鼓勵外國人來唐朝定居，唐朝政府在經濟上也給予優待，賦予外國人許多民事上的特殊權利：例如唐令中規定「化外人歸朝者，所在州鎭給衣食」（《唐令拾遺、戶令第九》之「設落外蕃人化外人附貫安置」）。在稅收方面，外國人的徵稅較本國百姓爲輕。據《通典》卷六《食貨六、賦稅下》記載：「外蕃人投化者复十年」[51]。也就是說對於歸附唐朝的外國人免除十年的賦稅，這可能是最能吸引外國人移入者，也可說是外商投資第一條法令。雖說二十世紀末、廿一世紀初的中國吸引了鉅額外資，羨煞不少發展中國家，但過去也是一樣，早在唐朝已有法令來保護「外商」投資，但韋伯卻遽然主張中國的法律在秦朝之後即處於停滯的狀態。

宋朝則是一個商品經濟高度發展的時代，民法是宋代法律中內容最豐富、最能反映當時法律特色的重要部分，其特色包括詳備的物權法、債權法的發展、契約關係的發達與財產繼承權等。其中財產繼承當作維護所有權轉移的一種法律制度，在宋朝也同樣有顯著的變化。宋律的繼承形式，既有傳統的法定繼承，還出現了遺囑繼承的新形式。另外在宋朝法律中值得一提的是，婦女在婚姻關係中的權利擴大，各階層對於婦女再嫁表現出支持的態度，婦女地位的提升也明顯地表現在法律上。例如，宋代婦女隨著其家庭地位和社會地位的提高，在離婚或再嫁時，能夠將自己的妝奩攜帶出去，且受到當時律令的維護與社會的認可，這是宋代婦女法律地位變化的突出表現。此外，維護國家利益是宋朝經濟立法的核心任務，若從Robert Wade《管治市場》[52]一書的視角來觀察宋代的立法，可發現宋朝政府可能是十世紀至十三世紀全球的最佳典範。宋朝雖然在政治與軍事能力的表現上無法與前朝（唐朝）相比，但或許宋朝政府發展的是「軟實力」，意圖以經濟力來「招降」周邊國家。從宋代法律的建制來看，政府以立法方式來管制市場、經濟行爲，這是國家干預和管理經濟的重要工具和特殊手段。

宋朝的商品經濟十分發達，這一點可從相對應具有「進步性」的立法得知，而絕非如韋伯所言，傳統中國法自秦朝之後即停滯不前。例如，宋代的商事法對國內市場的管理、價格的控制、商品的購銷、流向、運輸及商稅的徵收，都有詳密規定；宋代的專利法雖不是現代意義上的專利法，而應視爲保護「國家」專賣權的法律、命令。透過法律的強制手段，來維護國家的專賣權，對民間商品經濟的發展有抑制的作用。

宋朝作爲調整國家財政關係的財政立法，隨其財政收入範圍的擴大與日漸增加的名目與貨幣化而日益完善；賦稅是政府機器運轉的經濟基礎，所以歷朝統治者莫不以法律的強制手段保證稅收的完成。宋代的稅收法主要包括田賦、專賣與商稅等，以此爲財政支柱來維護宋朝國家財政收入的法律；鈔法更是當時社會經濟進步的指標，因爲南宋時期全國市場已經形成，交易量大增，鑄幣因其重量而使用不便，而產生紙幣的需求。宋代紙幣的發行有利商品的大量交易。此外，宋朝的經濟立法中，還包括了礦治法、錢法等[53]。

以上關於管理市場交易行爲的立法，可以視爲宋代政府因應經濟發展所做的反映。倘若我們再以Wade在《管治市場》一書所持的角度加以審視，或許先前的台灣、韓國、香港或新加坡，抑或近來的中國，尤其是中國的中央與地方政府以「分進合擊」的方式成功地扶植山寨手機產業，只是「歷史的重現」（historical recurrence）而已。簡言之，政府透過立法的手段來管理經濟行爲，這種方式在中國「傳統主義」當道的社會裡不難發現。

當談到福利制度時，總是會令人聯想到西歐、北歐先進國家，這些國家在過去數個世紀以來的海外擴張時期，累積了巨額財富，奠定推行完善社會福利的基礎。當然，若是這些國家遭遇經濟不景氣或其他原因，而導致政府稅收不足的時候，「福利」國家將也難以應付如此龐大的財政支出。宋朝經濟發達，南宋時東南沿海貿易興盛，政府於廣州、泉州與明州（今浙江寧波）設立市舶司以管理海外貿易，海關稅收成爲政府主要財政來源之一，這或許是宋朝並不重視文功武治，在軍事上實行強幹弱枝的原因。相反地，宋朝政府推行社會福利似乎不遺餘力，包括保護殘疾人、救濟貧、病、老者等福利措施。例如，殘疾人依法可以免除差役、征役，殘疾人犯罪依法也可以得到寬減。不僅如此，宋代法律除規定了殘疾人士本身犯罪可得到寬恤之外，殘疾人家庭其他成員犯罪也可依法得到一定照顧；另外，關於殘疾之人的社會撫卹，除了建置各種社會救濟的倉儲設施外，宋朝政府還設有各種專門用於救濟貧、病、老、疾者的社會福利性機構，從中央到地方，從官府到民間，建立起眾多救濟殘疾之人的社會福利機構[54]。

從以上唐代對外國人的人身權與財產權的保護，給予外國人租稅優惠以吸引外國人移入（或投資）的作法，或者是宋代透過經濟立法，對殘疾人士的各項保護來看，雖然古代中國並無一部完整的民法，但是，如此進步的立法與保障外國人的人身權與財產權之立法用意，或者提供若干社會保障等觀念，比起當時的西方應該高明許多才對。若比較十五世紀、十九世紀歐洲列強爲了自身經濟利益而從事的奴隸貿易[55]，宋代對於殘疾人的法律保障，可謂遠遠地走在人類文明史的前沿，而非如韋伯所言，中國自秦朝大一統之後，其法律體系即處於停滯的狀態。

此外，西方資本主義的另一特點可以在其《經濟與社會》一書找到，那就是西方特有的形式理性之法律。關於這個特點，韋伯認爲，法律的形式理性化是西方社會所獨有，而其他社會並未產生相同的法律制度。關於經濟與法律的關係——本書認爲最重要者爲「可預測性」，韋伯認爲一個健全的法律體系對經濟行爲能產生可預測性，資本主義必須以這個條件爲前提來建立，他認爲法律並非全然依賴經濟而存在，但是韋伯卻明白表示，經濟活動還得企求法律的預測可能性。但難道中國傳統法律眞如韋伯所認爲的那樣「落後」、

「停滯」、且充滿「不確定性」？以致使商業行爲或資本主義無法充分發揮？如果是眞的話，那麼唐、宋時期「傳統」法律的進步性遠非當時西方社會所能比擬，又該如何解釋？

一開始，我們使用「以子之矛、攻子之盾」的中國傳統兵法來與韋伯對話，也針對韋伯所提出歷史比較研究應該留意者逐一加以檢視，藉此瞭解何謂歷史比較分析？其特徵與潛在問題等等，以此來檢驗韋伯在比較東、西方歷史時，是否依照他所說的重點來進行。具體而言，向來我們以爲韋伯爲歷史比較分析提供了最佳範例，在他之後也就沒有什麼可供學習，只要跟隨他的步伐，社會（科）學千千萬萬莘莘學子都能學習到歷史比較研究的精髓。但這次我們錯了，韋伯在東（中）、西歷史比較分析上，做了錯誤的示範。在歷史比較研究上，我們以爲自己找到社會（科）學分析方法的學習對象。然而，韋伯似乎不是想像中那位引導我們的大師級人物，因爲韋伯不瞭解東方社會，特別在歷史事實中，他對進步的中國傳統法律所知甚少，其程度遠遠超乎他自己的想像。

在韋伯之後，我們可以逕自宣告「歷史比較研究」終結了嗎？答案應該是否定的。相反地，現在正是改變我們思維的時候了。

◆注 解◆

【1】Theda Skocpol. "Sociology's Historical Imagination," in Theda Skocpol (ed.) *Vision and Method in Historical Sociology* (New York: Cambridge University Press, 1984), pp. 1-21, pp. 1, 2.

【2】Paul Pierson and Theda Skocpol. "Historical Institutionalism in Contemporary Political Science," in Ira Katznelson and Helen V. Milner (eds.) *Political Science: The State of the Discipline* (New York: W.W. Norton and Company, 2002), pp. 693-727.

【3】E. P. Thompson. *The Poverty of Theory and Other Essays* (New York: Monthly Review Press, 1978).

【4】高承恕，《理性化與資本主義》。

【5】James Mahoney and Dietrich Rueschemeyer. *Comparative Historical Analysis in the Social Science* (New York: Cambridge University Press, 2003), p. 58.

【6】陳那波，〈歷史比較分析的復興〉，《公共行政評論》，二〇〇八，第三期，頁五五～七七，第六六頁。

【7】Theda Skocpol and Margret Somers. "The Uses of Comparative History in Macrosocial Inquiry," *Comparative Studies in Society and History*, 22(2), 1980, pp. 174-197, pp. 175, 195-197.

【8】雖然這並非本書研究焦點，但本書仍對「宏觀因果分析」，「平行比較研究法」以及後者與「對照導向比較法」三者稍加比較。宏觀因果分析的比較非常適合回答高承恕所稱的「大哉問」，諸如社會如何演進、不同的文化脈絡下社會動運為何產生不同的結果、工業革命（如果有的話）為何發生在英國、十六世紀末開始長江三角洲的絲綢為何深受歐洲及其殖民地的喜愛、二十世紀初「南京棉」（Nankeen Cotton）還大量輸往美國，但到了二十世紀末時，反倒是「美國棉」（ US Cotton）受到中國人的青睞。不過，宏觀因果分析仍有其困局與盲點，像是如何應用到其他案例之上，Barrington Moore在《極權與民主的社會起源》（*Social Origins of Dictatorship and Democracy*, Boston: Beacon Press, 1966）的論點，是否也能解釋他嘗試解答的八個國家以外他國的政治發展？Skocpol在鑽研了法國、俄國與中國的社會革命之後，能否推論到其他國家的革命或是反革命運動？因為這樣的研究，其邏輯大多數是透過演繹的（inductive）方而得的觀點，因此不能驟然套用於

其他案例之中。

[9] Skocpol and Somers. "The Uses of Comparative History." p. 191.

[10] *Ibid.*, p. 174.

[11] *Ibid.* pp. 178-179.

[12] Reinhard Bendix. *Kings or People: Power and the Mandate to Rule* (Berkeley and Los Angeles: University of California Press, 1978), p. 5, cited in Skocpol and Somers. "The Uses of Comparative History," p. 181.

[13] Barrington Moore. *The Social Origins of Dictatorship and Democracy*: *Lord and Peasant in the Making of the Modern World* (Boston: Beacon Press, 1966).

[14] Theda Skocpol. (ed.) *Vision and Method in Historical Sociology* (New York: Cambridge University Press, 1984), p. 382.

[15] Edward H. Carr. *What is History?*(New York: Vintage, 1961), p. 138.

[16] Stephen Kalberg. *Max Weber's Comparative-Historical Sociology* (Cambridge, UK: Polity Press, 1994)，引自W. Lawrence Neuman，《社會研究方法—質化與量化取向》，（台北：揚智文化，二〇〇〇），第七三三頁。

[17] Neuman，《社會研究方法》。此外，他也曾經提到，不同的人即使檢視相同證據，也經常會賦予不同意義，正因為如此，研究者必須充足反映證據。換言之，在選擇證據的過程中，必須盡可能做到客觀，雖然研究者仍然受到其訓練、價值取向所影響。但是，或許是語言的隔閡、字義的不同，倘若研究者不懂該語言的話，在重構其文化時，極容易扭曲比較對象之經驗事實。

[18] Barbara Tuchman，孟慶亮譯，《實踐歷史》，（北京：新星出版社，二〇〇七）。

[19] David Lowenthal. *The Past Is A Foreign Country* (New York: Cambridge University Press, 1985).

[20] Mildred A. Schwartz. "Historical Sociology in the History of American Sociology," *Social Science History*. Vol. 1, 1987, pp. 1-16, p. 12.此外，關於「歷史」，其他學者的看法或有啟發性，像是Robert Nisbet就認為一般而言，歷史應該「告知」（inform）我們社會學的敏感度（sociological sensibilities），不僅僅是在遇見社會變遷的問題之時，也應該在我們想要解答「不變的」（stable）與社會處於相對不變的狀態（relatively unchanging）的時期，請參見，Robert A. Nisbet. *Tradition and Revolt: Historical and Sociological Essays* (New York: Random

House, 1968）, p. 99。另外，Schwartz則提出了歷史社會學不只在引導我們，讓我們理解「大規模的結構」（large-scale structures），也幫助我們理解「個人行動」（individual actions）對社會變遷之影響。對Schwartz而言，重要的並非實質的研究議題，而是我們對「歷史」展開了雙臂，請參見Schwartz "Historical Sociology," p. 13。

[21] 請參見，樊樹志，《中國封建土地關係發展史》，（北京：人民出版社，一九八八）；劉秋根，《明清高利貸資本》，（北京：社會科學文獻出版社，二〇〇〇）；李文治，《中國地主制經濟論：封建土地關係發展與變化》，（北京：中國社會科學出版社，二〇〇五）。

[22] 金觀濤，《在歷史的表象背面：對中國封建社會超穩定結構的探索》，（台北：谷風出版社，一九八八）；葉文憲、聶長順，《對中國「封建」社會再認識》，（北京：中國社會科學出版社，二〇〇九）。

[23] 韋伯似乎並未告訴我們為何在十五、十六世紀時全球只有喀爾文教派、天主教、中國的道教、儒教，與印度教才值得比較。但根據韋伯的說法，後來只有信奉喀爾文教派的信徒的經濟行為才使得現代資本主義得以發生。在當時全球到底有多少種的文化價值是韋伯不曾、也不可能研究過的，為何只有上述的幾個文化價值才值得研究？再者，即使新教倫理與資本主義精神存在著「選擇性的親和關係」，但為何西方資本主義可以持續地發展下去？其原因為何？韋伯對此問題似乎並無太大興趣。後來研究東亞的學者，也遵循著韋伯闡述的理論，認為中國的資本主義雖然萌芽，但後來又遭到壓抑，但其歷史背景、社會經濟條件為何？這些問題並非「去歷史的」理念型所能夠解釋的，也非某種生活方式或者文化價值得以充分說明的。請參照趙曉華，《中國資本主義萌芽的學術研究與論爭》，（南昌：百花洲文藝出版社，二〇〇四）；李文治、魏金玉、經君健，《明清時代的農業資本主義萌芽問題》，（北京：中國社會科學出版社，二〇〇七）。

[24] Philip C. C. Huang的中文姓名為黃宗智，其著作《華北的小農經濟與社會變遷》（*The Peasant Economy and Social Change in North China*）與《長江三角洲的小農家庭與鄉村發展》（*The peasant family and rural development in the Yangzi Delta 1350-1988*）分別獲頒美國歷史學會費正清（John King Fairbank）最佳著作獎、美國亞洲研究協會列文森（Joseph R. Levenson）最佳著作獎。黃宗智教授為國際知名學者。

[25] Ander G. Frank和Immanuel Wallerstein已在資本主義的起源這個議題上辯論了數十年。Frank以「資本的無止境之積累」（ceaseless accumulation of capital）作為資本主義的定義，主張在五千年前，甚至更早以前就有

資本主義，而非如Wallerstein所言，在五百年前自歐洲國家向外擴張之時，開始將世界上其他地區「併入」（incorporate）進世界體系之內。Wallerstein認為資本主義出現的要件之一是必須存在「軸向的（國際）分工」（axial division of labor），其意思是「資本主義」世界體系之所以形成，不能只有貴族才消費得起的奢侈品貿易，而必須有平民百姓日常衣食所需的消費品之國際分工才是，因為奢侈品的貿易早已存在了千年之久。但對Wallerstein而言，並非資本主義導致國際分工，該論點間接指責Frank混淆奢侈品與日常所需貿易商品所代表的意涵。

然而，Wallerstein的說法亦不無疑問，因為西歐國家開始擴張之「漫長的十六世紀」（the long sixteenth century）的一四五〇年左右及之後的數十年、甚至是百年，或許在歐洲不同地區之間確實有大量的日常用品，像是小麥等產品之間的交易（但這與南宋已成形的「全國」市場內，例如四川與長江三角洲的米糧貿易有何不同），歐洲人與其他地區人民所交易的商品當中，最重要的物品不可能是平民之日常所需，因為在大海航行的過程當中有太多的未知數，商人鮮少願意為了低獲利而冒險航行於汪洋之中，而且還不能確定其產品是否受到當地居民的青睞。總之，在整個運送途中所需人力、物力的成本實在太高，廉價的布匹、小麥等產品不可能被用作為交易的主要項目。從歷史上有名的「大西洋（三角）貿易」來看，當時最有利可圖的應該是歐洲列強從非洲「捕獲」、「騙來」，或「買來」，然後運送到新大陸的奴隸才是。而且，在英國「工業革命」之後的數十年，英國人在鴉片戰爭的勝利後的一八四〇年代當中，英國人發現，原來能夠賣給中國的商品並不多，當時最有利可圖的是鴉片，可惜我們不清楚鴉片這項商品是否是落在Wallerstein「軸向的國際分工」的一環。並且，根據韓格理（Gary G. Hamilton）的研究指出，英人經由印度賣給西藏的商品還比從中國沿海輸入的英國產品還多，因為中國沿海地區相對繁榮，當地人對英人帶來商品的需求相對較小，請參見，Gary G. Hamilton，張維安、陳介玄、翟本瑞譯，《中國社會與經濟》，（台北：聯經出版社，一九九〇）。關於學者們對於資本主義起源、定義與特質等議題之詳細討論，請參照，Janet L. Abu-Lughod. Janet L. 1989. *Before European Hegemony: the World System A.D. 1250-1350* (New York: Oxford University Press, 1989); Andre Gunder FrankandBarry K. Gills (eds.) *The World System: Five Hundred Years or Five Thousand?*(London and New York: Routledge, 1993); Immanuel Wallerstein. The Modern World System I: *Capitalist Agriculture and the Origins of the European World-Economy in the Sixteenth Century* (San Diego, Calif.: Academic Press,

1974）。

[26] Maurice H. Dobb. *Studies in the Development of Capitalism* (London: Routledge & Kegan Paul, 1963), cited in黃仁宇，《近代中國的出路》，（台北：聯經出版社，一九九五），第一四〇頁。

[27] 黃仁宇，《近代中國的出路》，第一四一頁。

[28] 前揭書，第一四一頁。

[29] David M. Trubek. "Max Webber's Tragic Modernism."

[30] Fernand Braudel. *The Wheels of Commerce: Civilization and Capitalism 15th-18th Century.* Vol. II (Berkeley: University of California Press, 1982).

[31] 全漢昇，《明清經濟史研究》，（台北：聯經出版社，一九八七）。

[32] 黃宗智為了說明一八四〇年以前中國是一個停滯的、遠遠落後於西方列強的國度，鴉片戰爭打開了中國的大門。尤有甚者，黃宗智進一步主張中國開始其現代化的進程，要遲至一九八〇年代改革開放之後。為此，他發明了極為精巧的「內捲式成長」（involutionary growth）和「沒有發展的成長」（growth without development）的模型，來說明長江三角洲在長達六百年的時間裡，農民過著艱苦的生活，終年的努力只能僅以糊口。然而，種種證據顯示，明、清時期長江三角洲的絲綢—白銀、棉花—白銀的貿易賺取西方列強，如西班牙、葡萄牙、英國、法國、荷蘭等國大量的「外匯」，使得長江三角洲成為當時最富庶的地方，為明、清時期巨大的稅收來源。請參見，Philip C.C. Huang *The Peasant Family and Rural Development.*
另外，集市城鎮（集鎮，market towns）數量的成長，同樣也說明明、清時代長江三角洲的興盛繁榮景象。也許農民的生活真如黃宗智所言，僅僅為了糊口而勞碌終年（可想而知，此地區廣大的農民受極強烈的「儒教」工作倫理所驅使，而長期辛苦工作）。或許大部分的農民如黃宗智所言，大都過著極清苦的生活，但是，農民一定為某些商人、官員賺了不少白銀。因為，這個富庶的地區提供了當時全世界最好的絲綢、棉花、瓷器等產品給西方列強其及殖民地。總之，黃宗智忘記告訴我們，到底是誰將這些財富據為己有？當時的貧富差距到底有多嚴重？到底是誰將大量白銀藏了起來？有關這些問題的討論，請參見Shie. "Framing the Local and the Global."一文。

[33] 嘉泰《吳興志》卷二〇，引倪思《經鋤堂雜誌》：同治《南潯鎮志》卷一一，引嘉泰《吳興志》，引自陳學

文，《明清社會經濟史研究》，（新北：稻禾出版社，一九九一），第二四頁。

【34】謝肇浙：《西吳枝乘》，引自陳學文，《明清社會經濟史研究》，第三〇頁。

【35】王道隆：《菰城文獻》，引自陳學文，《明清社會經濟史研究》，第四五頁。

【36】《補農書》卷下，引自陳學文，《明清社會經濟史研究》，第四七頁。

【37】光緒《烏程縣志》周學濬序，引自陳學文，《明清社會經濟史研究》，第四七頁。

【38】乾隆《贛州府志》，（台北，成文出版社，一九八九），卷二，地理志，物產，第四九頁，引自羅惠馨，《十六、十七世紀手業生產發展》，（台北，稻禾出版社，一九九七），第九二頁。

【39】屈大均，《廣東新語》，卷十四，食語，糖，引自羅惠馨，《十六、十七世紀手業生產發展》，第九二頁。

【40】屈大均，《廣東新語》，卷十五，貨語，銀，引自羅惠馨，《十六、十七世紀手業生產發展》，第九二頁。

【41】陳學文，《明清社會經濟史研究》，第三〇～三一頁。

【42】王泰升，〈法律史專體講座—第三講：傳統中國法律文明的盛行〉，《月旦法學雜誌》，第六三期，八月，二〇〇〇，第一二八～一三七頁。

【43】林端，《韋伯論中國傳統法律：韋伯比較社會學的批判》，（台北：三民書局，二〇〇四）。

【44】Sybille van der Sprenkel. *Legal Institutions in Manchu China: A Sociological Analysis* (London: University of London, the Athlone Press, 1962).

【45】梁治平，〈中國法律史上的民間法—兼論中國古代法律的多元格局〉，《中國文化》，第十五／十六期，一九九六，第八七～九七頁。

【46】王泰升，〈法律史專體講座—第三講：傳統中國法律文明的盛行〉，第一三四頁。

【47】前揭書，第一三五頁。

【48】Charles Ragin and David Zaret. "Theory and Method in Comparative Research: Two Strategies," *Social Forces*. 63(3), 1983, pp.731-754, p. 732.

【49】*Ibid*. p. 732.

【50】*Ibid*. p. 741.

【51】鄭顯文，《律令時代中國的法律與社會》，（北京：知識產權出版社，二〇〇六）。

[52] Robert Wade. *Governing the Market: Economic Theory and the Role of Government in East Asian Industrialization* (Princeton, N.J.: Princeton University Press, 1990).

[53] 郭東旭，《宋代法律與社會》，（北京：人民出版社，二〇〇八）。

[54] 前揭書。

[55] 本書作者相信，這也是世界經濟體系創始人華勒斯坦在定義資本主義時，從來都不認為「自由勞動力」（free labor）是資本主義的特質之一，因為他認為資本主義誕生於「長十六世紀」（大約始於西元一四五〇年），自其誕生之日開始至十九世紀為止，成千上萬的非洲奴隸被慘無人道地運送至新大陸，成為被有價販賣的「商品」，為歐洲列強生產其生活必需品與奢侈品。不可否認地，西方「先進」國家的富裕（至少有一大部分）是建立在剝削其他民族的基礎之上，因此「自由勞動力」不可能是資本主義的特質之一，這個觀點與韋伯的「視勞動為義務」有明顯的差異。但可以確知的是，在華勒斯坦對資本主義的定義中，如何使用勞動力並非其考量重點所在，或許對西方列強而言，將非洲黑奴視為商品，便可逃過「人權」的監督與譴責的聲浪。

第五章　廿一世紀初韋伯繼續誤導人類思維

向來學術論文寫作的規矩是，在最後一章由著者臚列研究的重要發現，政策建言、研究展望等等花絮贅語。但筆者謝某在二〇一三年撰寫《發展研究的終結：廿一世紀大國崛起後的世界圖像》一書（該「書」後來幸運地由五南圖書公司出版，當然，也唯有如此才能稱之爲書，而不是斷簡殘篇，七凌八亂的大雜燴）。筆者在該書中首次嘗試新的作法，不直接爲讀者呈現出該書之重要發現，反而自我批評（也算是自我調侃）一番，雖不知道效果如何，但個人猜想如此一來，至少可避免書中不斷反覆提及所謂的「重點」，而讓讀者難以咀嚼吞嚥。在這裡，也打算如法炮製，畢竟曾翻閱《發展研究的終結》的讀者想必不多，原因之一，我想，在這個消費者喜歡輕、薄、短、小之全球化時代，有定性想要費心「研讀」一本長達六百頁的大部頭的年輕人應該只有少數幾位吧。所以，筆者在這裡打算再次自我批評（解嘲），雖不敢奢求讀者有耳目一新之感，但是爲求不使讀者感覺曲聲將盡，還遇到電唱機跳針的無奈，還是得有點新意才行。

首先，或許我們重加檢視韋伯對學術的偉大貢獻。因爲在許多人求學的過程之中，會有至少一位老師（雖然我們實在記不起名字）曾經告誡我們，在責備他人的過錯之前，請多想想「孰能無過」，也另外安排至少一位老師（雖然我們總以爲是出於自己的智慧）勸諫我們要「寬大爲懷」來對待犯錯的人，絕不應該「鼠肚雞腸」（這讓人想到六〇〇年前的黑死病與先前的禽流感）。因此，在這最後的機會裡，筆者再「回味」一下韋伯在社會（科）學的傑出成就與偉大貢獻。

現代社會學和公共行政學理論最重要的創始人之一，即是本書的主角韋伯。在公共行政學的領域中，官僚體制、科層制度這類概念屢被提及，影響力可謂無遠弗屆。若吾人要將韋伯的豐功偉業逐一表述可能不太容易。但一般而言，年輕的學子（現在的教師，包括謝某本人，也都曾年輕過）對於韋伯將事物概念化的超群能力，與過人的資料處理能力大多感到震懾。韋伯的著書立說在全球社會學界（乃至社會科學界）大多被全盤接受，特別在華文世界的學術圈裡受到熱烈歡迎。雖然不容易證明，但隱約地可從學生對韋伯的喜好程度得到答案，其中部分學子後來繼續進修深造而成了大學教師。即使世界在變，課程大綱也在變，但不變的是眾人對於韋伯的熱情。所以，筆者才會在本書起頭就提出自己是冒著極大的風險在寫作，頗有如履薄冰之感。深怕一不小心，就算是幾個小環節解釋不夠充分，寫得不夠仔細的話，就很可能會得罪全世界難以計數的韋伯迷。不過既已行文至此，大概已成爲過河卒子，沒有「歲月」可回頭。有時想，文章的字裡行間彷彿自具生命，引導手指頭去不自覺地敲擊鍵盤，看來本書作者還未必有掌握故事終局的權力。

在儒家思想薰陶下，相信東方的知識份子應該還有不少人能夠一生謹守約定（三綱五常中的「朋友有信」），是故，爲維持本書一開始所提出的，也爲尊敬韋伯——古典社會學之巨擘的崇高地位（但同時也相信人人生而平等），本書作者將用最委婉的口吻、最柔和的語句來嘗試與這位大師對話。在一百年前，即使韋伯願意，但他可能很難抵達東方世界，或者到特定的國度（例如中國），畢竟在那個年代遠洋郵輪的班次不多，旅途也是曠日廢時。所以，蒐集遠方國度的資料對學者而言可算是惡夢一場。另外，中文深澀難學、隱喻成語難記難懂也是個問題，就好像筆者除了Das Auto之外，其他的德語一概不懂，若沒有Google等翻譯軟體，或者是經由翻閱大字典，要研讀德文著作，非得靠閱讀別人的翻譯不可，並且只能相信譯者的翻譯信達雅兼具。基於上述理由，總使筆者在批評韋伯的學說理論時總覺得心虛，也深感左促右限。當然，這也是本書何以決定用最不激烈的言詞來表述的原因。

如果我們換個角度來檢視新教倫理與資本主義精神兩者，可察覺當中確實存在著某種關係，或者以韋伯的話語（概念）來說，應該是選擇性的「親和關係」。但這到底證明了什麼？儒教倫理也可以找到與資本主義精神的親和關係，人類的貪慾即使不會直接導致資本主義精神（至少韋伯告訴我們這情況會發生），但也不能據此排除兩者間的親和關係。那麼，難道光宗耀祖僅只單純爲了炫耀呢？或者只求自己的後嗣能贏在起跑線上，比他者具備更多的才藝，這些原因催逼自己去掙取更多金錢呢？這些不都可能推動商業活動的巨輪嗎？不過，這兩者間的關係就先讓它們到此爲止吧。因爲筆者認爲，雖然韋伯似乎企圖將「親和關係」包裝成「因果關係」，但其他問題似乎更值得稍加勾勒描繪，第一，韋伯所列舉的例子，其實是難以窮舉的，因爲全球並非只有新教徒、印度教徒與受儒家思想影響的人民，而是種族成千上萬、宗教繁盛。在這種情形下，如何證明其他地區的人民不曾有類似資本主義的精神？似乎韋伯是考慮到（同時也是觀察到）幾個發展得相對較好的文明，再去發掘出其他文明何以「不可能」產生資本主義的原因。相較之下，西方社會因爲在蒸氣機、造船、航海、軍火工業等部門科技相對進步，所以，韋伯在此言明在西方所要尋找的是「可能」產生資本主義的原因，或者說文化特質；相較於此，對於東方世界而言，韋伯所要尋找的則是「不可能」產生資本主義的原因，並且爲了說明東方的、中國的「不可能」，許多經驗事實就被韋伯棄之不顧。

第二，儒家的禁慾與新教的禁慾兩者的分別，在於前者是「出世」、後者是「入世」的觀點。前者在意的是修身，後者則克制消費，透過經濟活動來累積資本，從而造成資本積累。不過，其他可能的問題則是，相對而言，「高學歷」的人總是比較少，在不同的時代，在古代中國可能更爲明顯，尤其在南宋活字印刷之前。雖說科舉制度造就布衣卿相的可能性，吾人應該可想而知，即使在出版業發達的宋、元、明、清，傳統中國士大夫的總數也不可能多過其他各種不同職業的人數的。據此似乎可以推論，大多數人應該會熱衷於汲營小利，同時更幻想一夕致富。即使在當代，與過去一樣，人總會相互比較，除非是已經決定出身的士大夫，當其他老百姓看到富裕人家的華服錦袍、金銀玉玩，通常也想要得到那些器物，這或許也算是（某種）資本主義的精神。既是如此，為何要以相對少數的士人階級的想法來代表相對多數的市井小民的實際作為呢？這點也就是本書使用不少篇幅解釋「表達」與「實踐」兩者間的實質差異。

韋伯除了身為政治經濟學家、法律學家、社會學巨擘之外，他同時也是當代行政學的鼻祖。那麼，宋代屍體檢驗制度中各項初檢、覆檢之參檢人員、程序、時間等相關規定，以及相關司法救濟途徑也已明文詳加規定。雖然學者大多不喜歡碰觸屍體檢驗的議題，但難道這樣進步的官僚體制、科層制度還不值得韋伯花點時間來研究？另外，奴婢非理致死也要立即檢驗。雖然話說人際之間的歧視總是存在，但難道這不該說是對於人權的保障嗎？與此同時，倘若消息可以傳到歐洲，當地的奴隸們可能還會羨慕遠東的同伴們的待遇！再看看大清帝國（清朝）時，為了維持法律公正性以提升人民之信賴程度，「審轉」與「成案」兩項制度在司法行政上扮演著吃重的角色，難道能夠讓這兩個制度順暢運行的官僚體制、科層制度，依然無法吸引韋伯這位公共行政學的創始人及其全球廣大的追隨者嗎？

中國與歷史資本主義

在這本書接近尾聲之際，且再談及到底中國有無複雜而精緻制度的資本主義——這個制度精緻到韋伯認爲只可能在西歐才能找到它的蹤跡。在有關中國經濟史的解釋上，我們似乎可以發現一個預設的前提，在「何以在中國未發生像西歐一樣的歷史變遷」的前提下，很自然地，我們緊接著提問幾道「負面問題」——中國爲什麼沒有產生資本主義[1]，或者像是資本主義在中國的土壤上萌芽了，但何以無法繼續發展。這些題目的答案相信淺而易見，因爲打從研究一開始，就預設這樣的問題，也就看似無須深入研究（中國）當地社會的社經結構之必要性，而只消去找尋一些東方的文化特質，藉以「成爲」進步的西方社會之對應物就已足夠。另外，既已提出「負面問題」，似乎順其自然地導致許多研究人員不願（也不知從何）運用批判能力。或者只有在面對東方社會時，才能突顯其理論、理念型的「批判」能力。於是，中國傳統法律的進步性，傳統中國在許多產業發展的領先、經濟飛黃騰達、社會制度進步等證據，反而被略去不看。進一步還誤導許多學者及後進者日後成爲韋伯忠實粉絲團的團員，視西方所建構出的知識體系爲完美無暇，並且無懈可擊。

是故，如果吾人眞有意知道中國經濟史變化模式的眞相，便不能再以中國因無法遵循歐洲變遷模式才導致失敗的經驗來搪塞。正因爲向來知識份子對歷史變遷的觀念乃是基於歐洲的經驗，也就是說，即使在討論東方社會，通常還是以歐洲爲原型。但是這種分析模式，不自覺地很容易推導出被研究的東方世界成員從未發生過任何有意義的變遷，而呈現出「停滯」的歷史表象。但是，這樣的研究並不妥適，所見到的也非歷史眞相，更遑論意欲善身淑世。由於中國與歐洲所處的環境並不相同，倘若僅以歐洲發展經驗作典範，不僅是中國，而且人類所有其他社會的歷史經驗都會顯得異常[2]。但學界百年來的發展，係受到西方社會（科）學家韋伯理論的詮釋，誤導了人類的歷史觀與世界觀。那麼，在廿一世紀的初期又是怎樣的樣態呢？

廿一世紀初韋伯繼續誤導人類思維

或許有人抗議說，韋伯並非三頭六臂，能在廿一世紀的開頭還能「繼續」誤導人類思維，這樣的標題的確聳動，但事實上，對於改變現狀（也許就先從知識份子對西方知識體系的錯誤認知開始）並不能提供任何具體的幫助，要是這樣的話，廿一世紀才開始不久，大師韋伯繼續誤導我們的想法，看來似乎也是理所當然的。對於韋伯如何誤導人類思維，本書已列舉許多例證。最後，筆者發現，在世紀杪開始時即有一群「新現代化理論」的支持者，即以韋伯的文化化約論爲依歸，試圖以非西方國家的文化特質，來證明該國的經濟何以落後。這裡說明這些支持者也像韋伯本人一樣，咸認爲歷史比較分析要持續與經驗事實對話，但實際上除了韋伯自己並未如此做之外，他的追隨者至今還是跳過這個重要的步驟。

或許我們可以稱之爲古典現代化理論的「復辟」吧！簡單說，起源於一九五○年代的現代化理論[3]，用一種文化化約主義來解釋經濟能否發展，國家的發展與否純粹是國內的問題，而且是因爲傳統文化中的某些特質不利於經濟發展，落後國家應該（或只要）學習西方（指美國）之文化特質，像是崇尚個人主義、普遍主義、重視科學，與民主制度等，即可發展至美國人的生活水準。是故，對於現代化理論的支持者而言，文化一直扮演十分重要的角色，雖然，該理論在一九六○年代爲依賴理論、一九七○年代爲世界經濟理論所抨擊而沉寂了許久，但在二○○○年代似乎出現一群支持者，再度宣稱文化因素在經濟發展中之重要角色。另外，現代化理論視所有發展中國家爲同一，這是高度抽象的思考，似乎不必有任何證據來支持其論點。最後，我們再看一個例子。

正如文章標題〈非洲需要調整文化的政策嗎？〉所示，Daniel Etounga-Manguelle所研究的問題關切著非洲這塊土地的經濟發展，並試圖瞭解非洲的文化對其經濟是否產生影響，對Etounga-Manguelle而言，雖然同處於全球化的浪潮之下，但非洲仍然可以在保護其獨特文化的情況下發展經濟，但是，爲到達經濟發展的目標之前，非洲的某些文化必須經過修正。一開始，首先他指出，非洲大多數國家仍處於相當貧窮的階段。在非洲大陸中，有二十八個國家人民的平均壽命不到六十歲；有十八個國家，人民的平均壽命還不到五十歲。最慘的是，獅子山的人民，平均壽命只有三十七歲。住在撒哈拉沙漠以南的六億多人口，有一半的人口生活水準在貧窮線以下，也就是他們活在貧窮中。至少有十三個國家，成年人一半以上是文盲；至少有十八個國家，成年女性半數以上是文盲。

另外，比起其他各大洲，非洲的貪污情形更加嚴重，世界銀行是提供基金與顧問的主要來源，對此情形竟然一無所知。身爲文化（化約）論者的Etounga-Manguelle於是找出非洲仍然貧窮、落後、甚至更依賴發達國家援助的主要原因，乃肇因於文化上的幾項特點：例如，統治階層高高在上、缺少個人主義與時間觀念、沒效率的做事方法、過度的交際應酬、對現況的不確定性與極權主義社會等。此外，他總結了撒哈啦沙漠以南的文化與價值系統，認爲其特質是非常僵化的，並且這些性格早已成爲民族文化性格的一部分。非洲兒童從小就開始學習互賴與資源的共享，融合於民族文化之中，以及如何身處壓抑個人主義的社群權威系統之中。很清楚地，這是用西方的觀點「二分法」來檢視非洲國家，同樣是以讚美西方社會的「有」來貶抑非洲的「無」。其中，像是個人主義、時間觀念、效率、理性，普遍主義、民主等不正是現代化理論支持者所認爲的只有在西方社會才能找得到的文化特質嗎？Etounga-Manguelle也提到，許多非洲父母和孩童已有改變之準備，他們具有日益開闊的眼光。

明顯的很，Etounga-Manguelle將難以回答並解決以下的問題，例如，到底在非洲的哪些區域或國家，父母從何時、何地開始學習到來自西方之「開闊」的眼光？所有撒哈拉沙漠以南的非洲國家的文化都具極「僵化」的特質而毫無例外？所謂文化與價值系統僵化所指爲何？非洲每年有多少人處於飢餓的狀態，同時另一群人卻總是無窮盡的交際應酬，導致經濟無法成長？眾所周知的是，中國人同樣樂於交際應酬，卻還能產生出相對漂亮些的經濟成長數字，甚至於有學者樂觀地認爲，中國即將取代美國，成爲全球經濟成長的新動力、新引擎[4]。Etounga-Manguelle似乎試著緬懷古典現代化理論往日獨領風騷的時刻，於是再度運用高度抽象的邏輯，以致於他難以解釋同樣的文化特質——過度奢華的交際活動——何以在中國和非洲國家產生截然不同，甚至完全相反的結果。另外，非洲兒童從小就即開始學習互賴與資源之共享，但Etounga-Manguelle卻認爲，整個撒哈拉沙漠以南的國家只有僵化的系統，所以連互賴與共享資源如此高尚的情操，也會阻礙經濟發展[5]。不過，我們寧可相信，非洲兒童在資源匱乏的悲慘情況下，從小就學習了共享有限資源並且相互依賴。雖說文化並無良窳之別，但西方所謂的「先進」國家人民平日已過度揮霍、浪費著地球資源，在這一點上，非洲兒童反倒高明許多，至少（在吃的方面）他們還比較愛這個地球。所以，讓吾人反過來問：西方先進國家是否才應該改變其文化呢？

行文至此，也許是該向讀者說再見的時候了。筆者憶起二〇一四年九月前往北京某大學進行學術交流，於會議後與該校社會學系的年輕教授談及韋伯，這位教授告訴我，他本人是韋伯的粉絲，說話時，臉上露出了燦爛的笑容。當下，心裡想著這位教授的思維幾乎被韋伯完全拉著走了，就跟筆者謝某當年一個樣兒。

◆注解◆

[1] 高承恕，《理性化與資本主義》。

[2] R. Bin Wong（王國斌），邱澎生譯，〈農業帝國的政治經濟體制及其在當代的遺跡〉，Timothy Brook與Gregory Blue主編，《中國與歷史資本主義：漢學知識的系譜學》，（台北：巨流圖書公司，二〇〇四），第二八一～三三四頁。

[3] 請參見，謝宏仁，《發展研究的終結：二十一世紀大國崛起後的世界圖像》，（台北：五南圖書公司，二〇一三）。

[4] Giovanni Arrighi. *Adam Smith in Beijing: Lineages of the Twenty-First Century* (London and New York: Verso, 2007).

[5] Daniel Etounga-Manguelle. “Does Africa Need a Cultural Adjustment Program,” pp. 65-77 in Lawrence E. Harrison and Samuel P. Huntington (eds.) *Culture Matters: How Values Shape Human Progress* (New York: Basic Books, 2000).

國家圖書館出版品預行編目資料

社會學囧很大1.0：看大師韋伯如何誤導人類思維／謝宏仁著. -- 初版. -- 臺北市：五南圖書出版股份有限公司，2015.07

面； 公分

ISBN 978-957-11-8130-1（平裝）

1.韋伯(Weber, Max, 1864-1920)

1JDT

社會學囧很大1.0
看大師韋伯如何誤導人類思維

作　　者 — 謝宏仁（397.5）
發 行 人 — 楊榮川
總 經 理 — 楊士清
總 編 輯 — 楊秀麗
副總編輯 — 劉靜芬
責任編輯 — 林佳瑩
封面設計 — P. Design視覺企劃、姚孝慈
出 版 者 — 五南圖書出版股份有限公司
地　　址：106台北市大安區和平東路二段339號4樓
電　　話：(02)2705-5066　傳　　真：(02)2706-6100
網　　址：https://www.wunan.com.tw
電子郵件：wunan@wunan.com.tw
劃撥帳號：01068953
戶　　名：五南圖書出版股份有限公司

法律顧問　林勝安律師事務所　林勝安律師

出版日期　2015年 7 月初版一刷
　　　　　2022年 2 月初版三刷
定　　價　新臺幣260元

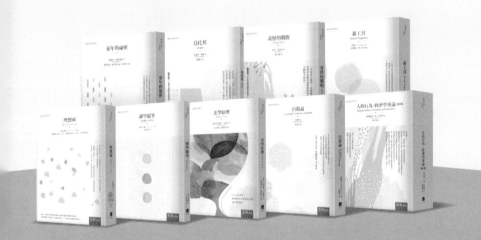